Wanderwelten

Jugend und Jugendherbergen
in Fotografien der Sammlung
Richard Schirrmann

Impressum

Umwelthinweis:
Der Inhalt dieses Buches wurde klimaneutral
auf 100 % recyceltem Altpapier gedruckt.
Das Einbandmaterial ist recycelbar.

Die Deutsche Bibliothek – CIP-Einheitsaufnahme

Wanderwelten
Jugend und Jugendherbergen
in Fotografien der Sammlung Richard Schirrmann

ISBN: 978-3-949076-25-1
1. Auflage 2024

Autorin und Autoren: Markus Köster, Stephan Sagurna, Christiane Cantauw

Redaktion: Ralf Springer

Bildredaktion: Markus Köster, Stephan Sagurna, Christiane Cantauw,
Ralf Springer, Tobias Flümann

Koordination: Stephan Sagurna

Lektorat: Lea Recken, Diana Kirstein

Layout und Gestaltung: Stefan Engelen

Digitale Aufbereitung und Restaurierung: Stephan Sagurna
Bildbearbeitung / Druckvorstufe: Marion Müller

Gesamtherstellung: Druckhaus Tecklenborg GmbH & Co. KG, Steinfurt

Bibliografische Information der Deutschen Nationalbibliothek
Die Deutsche Nationalbibliothek verzeichnet diese Publikation
in der Deutschen Nationalbibliografie; detaillierte bibliografische
Daten sind im Internet über http://dnb.d-nb.de abrufbar.

ISBN: 978-3-949076-25-1

Foto Titelseite:
Richard Schirrmann mit vier jungen Wanderern bei Schloss Hohenlimburg, um 1912.

Foto vorherige Seite:
Burg Altena auf dem Klusenberg, um 1910.

Foto Rückseite:
Einweihung der Jugendherberge Kreuztal-Ferndorf im Siegerland, 1924.

AUS WESTFÄLISCHEN BILDSAMMLUNGEN – BAND 13

Herausgegeben vom
Landschaftsverband Westfalen-Lippe (LWL)
LWL-Medienzentrum für Westfalen
Kommission Alltagskulturforschung für Westfalen

Wanderwelten

Jugend und Jugendherbergen in Fotografien der Sammlung Richard Schirrmann

Markus Köster
Stephan Sagurna
Christiane Cantauw

LWL-Medienzentrum für Westfalen
Kommission Alltagskulturforschung für Westfalen

Tecklenborg Verlag

Während einer Schülerwanderfahrt. Rast mit Blick auf St. Blasius, Balve, um 1910.

Inhalt

6 Vorwort

8 Zwei Wanderleben
Richard Schirrmann, Wilhelm Münker
und der Aufbau des Jugendherbergswerks

16 Richard Schirrmann und die Fotografie
Fotogeschichtliche Betrachtungen über den visionären Einsatz
eines modernen und aufstrebenden Mediums im 20. Jahrhundert

24 (Fast) umsonst und draußen
Bilder vom Jugendwandern popularisieren
die Wander- und Jugendherbergsidee

Bildteil

Kapitel 1
32 Richard Schirrmann – Ein Wanderleben

Kapitel 2
48 Mit Schülerinnen und Schülern auf Fahrt

Kapitel 3
62 Kriegserleben an der Westfront

Kapitel 4
78 Am Anfang war Burg Altena

Kapitel 5
94 Herbergen für die Jugend

Kapitel 6
112 Begegnungen mit Landschaften und Menschen

Kapitel 7
126 Kinderdorf Staumühle –
Ein reformpädagogisches Experiment

Kapitel 8
144 Bewegte Jugend

Kapitel 9
160 Wanderwelten in Farbe

Vorwort

Jugendherbergen – mit diesem Stichwort verbinden sich für viele von uns lebhafte Erinnerungen an roten Tee, Etagenbetten und die Versuche, deren raue Decken mit den bereitgestellten Bettbezügen zu beziehen. Aber auch an spannende Ausflüge mit der Schulklasse oder der Familie, an Exkursionen in die Natur, romantische Lagerfeuerabende und vielleicht sogar an die erste heimliche Liebe.

Die Anfänge des heute weltumspannenden Netzwerkes der Jugendherbergen liegen in Westfalen. 1909 richtete der aus Ostpreußen stammende Lehrer Richard Schirrmann (1874–1961) in seiner eigenen Schule im sauerländischen Altena die erste Herberge für wandernde Volksschüler ein. Einige Jahre später zog er mit seiner Einrichtung auf die wiederaufgebaute Burg Altena um, die heute zu Recht den Namen „Weltjugendherberge" trägt.

Anders als Schirrmann stammte sein wichtigster Mitstreiter Wilhelm Münker (1874–1970) gebürtig aus Westfalen, genau genommen aus Hilchenbach im Siegerland. Als Cheforganisator spielte er für den Siegeszug der Jugendherbergsidee ebenfalls eine entscheidende Rolle. Sowohl Schirrmann als auch Münker waren passionierte Amateurfotografen, ersterer offenbar schon von Jugendjahren an. 2008 überließ Schirrmanns jüngste Tochter Gudrun dem LWL-Medienzentrum für Westfalen den gesamten Fotobestand ihres Vaters, ein mehrere tausend Fotografien umfassendes Konvolut aus Glasnegativplatten, Glasdiapositiven, Kleinbildfilmen und Fotoalben. Nicht alle Bilder stammen von Schirrmann selbst, so finden sich unter anderem auch Fotografien des bekannten Wandervogel-Chronisten Julius Groß (1892–1986) in der Sammlung.

Die Fotosammlung Schirrmann dokumentiert den Lebensweg und das Lebenswerk des Lehrers und Gründers des Deutschen Jugendherbergswerks. Sie zeichnet sich sowohl inhaltlich als auch fotohistorisch durch eine Fülle von bemerkenswerten Aspekten aus. So enthält sie handkolorierte Farbfotografien von Schülerwanderungen um 1910, eine große Zahl hochwertiger Motive aus Schirrmanns Soldatenzeit im Ersten Weltkrieg in Frankreich, zahlreiche eindrucksvolle Gruppenporträts von jungen und älteren Wandernden, spannende fotografische Einblicke in das reformpädagogische Projekt „Kinderdorf Staumühle" und – natürlich – ausgehend von Burg Altena eine dichte Dokumentation des Auf- und Ausbaus von Jugendherbergen überall in Deutschland. Die Sammlung zählt deshalb zu den herausragenden Beständen des Bildarchivs im LWL-Medienzentrum. Über seine Online-Datenbank (www.bildarchiv-westfalen.lwl.org) macht das Medienzentrum diesen Schatz bereits seit einigen Jahren der Öffentlichkeit zugänglich.

2024 jährt sich der Geburtstag beider Gründer des Jugendherbergswerks zum 150. Mal. Das ist ein willkommener Anlass, um sowohl die Fotosammlung Richard Schirrmanns als auch dessen Lebenswerk und das seines Mitstreiters Wilhelm Münker in der profilierten Reihe „Aus westfälischen Bildsammlungen" mit einem eigenen Bildband zu würdigen. Die so entstandene Publikation – Band 13 der Reihe – enthält rund 150 ausgewählte Fotografien aus den Jahren 1900 bis 1935, ergänzt um wenige Motive aus späteren Jahren. Die neun Bildkapitel des Bandes vermitteln einen Einblick in das breite Motivspektrum der Sammlung und auch in zentrale Themen von Leben und Werk Richard Schirrmanns und Wilhelm Münkers.

Dem Fototeil des Bandes sind drei Aufsätze vorangestellt, die aus den beiden beteiligten Facheinrichtungen des Landschaftsverbandes Westfalen-Lippe stammen: dem LWL-Medienzentrum und der Kommission Alltagskulturforschung für Westfalen. Markus Köster beschreibt einleitend die Biographien und das Wirken der zwei Gründungspersönlichkeiten des Jugendherbergswerks und spart dabei auch die NS-Zeit nicht aus. Stephan Sagurna ordnet ausgewählte Motive der Bildsammlung, speziell die frühen Farbdias, fotohistorisch ein, und Christiane Cantauw beleuchtet den Einsatz von Schirrmanns Fotografien und anderen Bildern für die Popularisierung des Jugendwanderns und der Jugendherbergen im ersten Drittel des 20. Jahrhunderts.

Ein besonderer Dank gebührt in diesem Vorwort Gudrun Schirrmann für die Überlassung des Fotobestandes ihres Vaters sowie der Stiftung Deutsches Jugendherbergswerk und der Wilhelm-Münker-Stiftung, namentlich ihren Vorsitzenden Lothar Molin und Friedhelm Arno Berthold, die die Publikation durch eine großzügige finanzielle Förderung ermöglicht haben. Zu danken ist auch dem Steinfurter Tecklenborg-Verlag für die qualitätvolle Drucklegung.

Dieser Bildband dokumentiert nicht zuletzt einen wichtigen ideellen Impuls, der vor über 100 Jahren von Westfalen aus um die Welt ging. Richard Schirrmann und Wilhelm Münker wollten nicht nur preiswerte Unterkünfte für junge Wandertouristen schaffen, es ging ihnen – vor dem Hintergrund ihrer eigenen Kriegserfahrungen – auch und besonders um die Förderung von Frieden und Völkerverständigung. Das macht ihr Werk aktueller denn je!

Bis heute ist die Jugendherbergs-Idee mit bundesweit mehr als 400 Herbergen, davon 28 in Westfalen-Lippe, eine Erfolgsgeschichte. Damals wie heute stehen die gemeinnützigen Jugendherbergen für Werte wie Toleranz oder Weltoffenheit. Als moderne Lern- und Erholungsorte sowie als Träger der freien Jugendhilfe bieten sie ganzheitliche Bildungskonzepte und pädagogische Programme für alle Zielgruppen an. Kratzige Wolldecken und Hagebuttentee aus Blechkannen sind dabei natürlich längst Geschichte.

Dr. Georg Lunemann
Der Direktor des
Landschaftsverbandes Westfalen-Lippe

Dr. Barbara Rüschoff-Parzinger
Landesrätin für Kultur des
Landschaftsverbandes Westfalen-Lippe

Richard Schirrmann mit einer Jugendwandergruppe
vor dem Eingang zur Balver Höhle, um 1910.

Markus Köster

Zwei Wanderleben

Richard Schirrmann, Wilhelm Münker und der Aufbau des Jugendherbergswerks

Ein wanderbegeisterter Pädagoge

„Erfolg hat viele Väter", weiß der Volksmund. Das heute weltumspannende Netzwerk der Jugendherbergen hat vor allem zwei: Richard Schirrmann und Wilhelm Münker.

Schirrmann, der sein Leben lang die markante Sprachmelodie seiner ostpreußischen Heimatregion behielt, wurde 1874 als Sohn eines Dorfschullehrers in Grunenfeld geboren – heute heißt der Ort Gronówko und liegt im äußersten Nordosten Polens, nahe der Grenze zur russischen Exklave Kaliningrad. Beruflich trat Schirrmann in die Fußstapfen seines Vaters, wurde zunächst ebenfalls Volksschullehrer in seiner Heimat, ließ sich aber 1901 nach Gelsenkirchen ins westfälische Ruhrgebiet versetzen.

Die Begegnung mit den Lebensbedingungen junger Menschen im Industrierevier scheint für den 27-Jährigen eine Art Kulturschock gewesen zu sein. Er berichtete später, hier sei er auf Kinder getroffen, die kaum je „einen Specht hämmern und einen Bach plätschern" gehört hatten und „noch nie barfuß durchs Gras gelaufen waren."[1] Der natur- und wanderbegeisterte Pädagoge entwickelte aus dieser Erfahrung heraus die Idee einer „wandernden Schule", die den Schülerinnen und Schülern praktische Begegnungen mit der Natur ermöglichen sollte. Weil er damit auf Widerstand bei seinen schulischen Vorgesetzten stieß, wechselte er zwei Jahre später erneut Schul- und Wohnort und zog ins sauerländische Altena, wo er mehr Verständnis für sein Erziehungskonzept fand. So begann der junge Lehrer mehrtägige Wanderungen mit seinen Schülern zu organisieren, die er offenbar von Beginn an auch fotografisch dokumentierte (s. Bildkapitel 2). Er scheint bereits damals ein passionierter Amateurfotograf gewesen zu sein, für den die Kamera „ein wichtiger und ständiger Begleiter" war.[2] Auf diese Weise entstanden zahlreiche Bilder, die ihn mit Schülerinnen und Schülern bei Ausflügen im Sauerland, im Bergischen Land, am Rhein und sogar schon an der niederländischen Nordseeküste zeigen.

Der Gründungsmythos der Jugendherbergsbewegung erzählt, dass Schirrmanns Klasse bei einer dieser Wanderungen im bergischen Bröltal von einem Gewitter überrascht wurde und erst nach langem Suchen schließlich Obdach in einem leeren Schulhaus gefunden habe. So sei ihm die Idee zur Gründung von Herbergen für die wandernde Jugend gekommen.[3] Zuerst richtete er in seiner eigenen Schule einen Raum als Übernachtungslager her. Wenig später gelang es dem charismatischen Pädagogen, den Landrat des Kreises Altena Friedrich Thomée für seine Vision zu begeistern. Thomée hatte 1906 den Wiederaufbau der mittelalterlichen Burg Altena initiiert und war offenbar dankbar für Nutzungsvorschläge, die das alte Gemäuer mit Leben füllten. So zog die Altenaer Jugendherberge wohl im Jahr 1912 auf die Burg um, mit Richard Schirrmann als Herbergsvater (s. Bildkapitel 4). Offiziell eingeweiht wurde sie allerdings erst im Juni 1914.

Ein bescheidenes Organisationstalent

Schirrmann wanderte nicht nur mit seinen Schülern, auch privat trat er schon bald nach seinem Wechsel nach Altena dem 1890 gegründeten Sauerländischen Gebirgsverein (SGV) bei. Fotografien aus dieser Zeit zeigen ihn im Kreise bürgerlich gekleideter Frauen und Männer bei Ausflügen in die nähere und weitere Umgebung (vgl. Abb. S. 121). Er betätigte sich im SGV als „Wegewart" und lernte dabei 1906 den gleichaltrigen Fabrikanten Wilhelm Münker kennen, der ebenfalls im Gebirgsverein aktiv war und den er rasch für seine Jugendherbergsidee begeistern konnte.

Münker (1874–1970) war der Sohn eines Drahtstiftfabrikanten aus Hilchenbach im Siegerland.[4] Nach einer kaufmännischen Ausbildung und Lehrjahren im Rheinland und in Belgien kehrte er 1897 in seinen Heimatort zurück. Dort beteiligte er sich zunächst am väterlichen Unternehmen und gründete dann eine eigene Metallfabrik. Ehrenamtlich engagierte sich der höchst bescheiden, fast asketisch lebende und auf Außenstehende deshalb gelegentlich etwas kauzig wirkende Junggeselle früh für den Heimat- und Naturschutz: Neben seinem Engagement im SGV kämpfte er unter anderem vehement gegen Reklametafeln im öffentlichen Raum und die „Blechpest" auf Hausdächern, gründete ein Komitee zur ‚Rettung des Laubwaldes", brandmarkte die Gefahren von Nikotin und Alkohol und bemühte sich um „Pflege und Reinhaltung der deutschen Sprache".

Gemeinsam warben Schirrmann und Münker zunächst innerhalb des Sauerländischen Gebirgsvereins hartnäckig und erfolgreich für ihre Jugendherbergsidee. Beim Aufbau des Werkes ergänzten sich die beiden kongenial: Während Schirrmann „mehr der Ideenproduzent und idealistische Gedankenlieferant war, dem aber gelegentlich der Blick dafür fehlte, was konkret machbar war", erwies sich Münker „als umsichtiger Organisator und Finanzplaner, hervorragender Menschenkenner und nüchtern praktischer Kaufmann mit Blick für die Grenzen des Möglichen".[5]

Jugendbewegung und Lebensreform

Beide waren über gemeinsame Freunde früh mit der Jugendbewegung der Wandervögel in Berührung gekommen, jenen bürgerlichen Gymnasiasten und Studenten also, die seit der Jahrhundertwende den Aufbruch „aus grauer Städte Mauern" propagierten.[6] Ausgehend vom Städtchen Steglitz bei Berlin wurden die Wandervögel binnen weniger Jahre zu einem allseits bekannten Phänomen auf den Straßen und Wegen des Kaiserreiches. Schon 1910 hieß es in der Bielefelder Westfälischen Zeitung: „Wer kennt sie nicht, die fröhlichen fahrenden Schüler mit Gamaschen, Rucksack, Fasanenfeder auf dem einseitig umgestülpten Lodenhut und dem Wanderstab? Durch Berg und Tal, Wald und Flur sieht man sie wieder ziehen – die fahrenden Studenten; [...] mit frohem Sinn und heiterem Gemüt, oft die Guitarre an der Seite oder das Waldhorn, durchqueren sie in Trupps von oft 6 und 8 Scholaren Stadt und Land."[7]

Die Wanderbegeisterung der Jugendherbergsgründer wurzelte genau wie die der Jugendbewegung in einem zivilisationskritischen Weltbild. Das fand – unter dem Eindruck rasanter Industrialisierung und Urbanisierung, dem Verschwinden traditioneller Lebenswelten, gesellschaftlicher Umwälzungen sowie wachsender Umweltzerstörung – im Bildungsbürgertum der Jahrhundertwende breiten Anklang. Als Reaktion entstand eine Reihe von Gegenbewegungen: der Natur- und Heimatschutz ebenso wie Reformpädagogik, Naturheilkunde, Freikörperkultur und Vegetarismus. „Bei den meisten der Bewegungen standen Vorstellungen von einem ‚neuen Menschen' im Mittelpunkt, den es heranzuziehen gelte, um den Herausforderungen der Moderne begegnen zu können."[8] Richard Schirrmann fühlte sich solchen lebensreformerischen Ideen eng verbunden. Gleichzeitig nahm er aber sehr flexibel und pragmatisch auch konservative und völkisch-nationalistische Ideen für sein Wander- und Herbergs-Projekt in Dienst. So ließen sich beispielsweise die von ihm propagierten Werte „Volksgesundheit" sowie „Heimat- und Vaterlandsliebe" mühelos mit der Idee einer Stärkung der jugendlichen Wehrkraft verbinden und so schon 1912 die Unterstützung des einflussreichen rechtsnationalen „Jungdeutschlandbundes" für den Jugendherbergsgedanken gewinnen.

Überhaupt gelang es den rührigen Werbetrommlern Münker und Schirrmann mit bemerkenswert raschem Erfolg, sich die Förderung öffentlicher Stellen und Honoratioren für ihr Werk zu sichern. Im Ergebnis gab es 1914 bereits 535 Jugendherbergen – die meisten im rheinisch-westfälischen Raum – mit jährlich rund 20.000 Übernachtungen.

Kriegserfahrungen

Doch dann wurde der Ausbau des neuen Werkes durch den Ersten Weltkrieg brutal unterbrochen. An ihm nahmen sowohl Schirrmann als auch Münker freiwillig als Soldaten teil: Münker an der Ostfront, Schirrmann als Mitglied eines Landsturmregiments an der Westfront in den Vogesen. In Hunderten von Bildern hat der passionierte Amateurfotograf sowohl den militärischen Einsatz als auch den Alltag in der Etappe eindrucksvoll dokumentiert (s. Bildkapitel 3), rund 365 haben sich im Bildarchiv des LWL-Medienzentrums erhalten. Wie fast alle vergleichbaren Amateurfotografien entstanden auch Schirrmanns Kriegsfotos in der Ruhestellung. Trotzdem finden sich einige Fotografien, die die Härte des Kriegseinsatzes auch im eher ruhigen Vogesen-Frontabschnitt andeuten. So zeigen mehrere Aufnahmen Schirrmann und seine Kameraden

Wilhelm Münker 1919 in Oberstdorf, wo er nach Rückkehr aus dem Ersten Weltkrieg zur Erholung weilte.

beim Wachdienst am tiefverschneiten Berg Chaume de Lusse (vgl. Abb. S. 69); andere lassen die materiellen Entbehrungen und psychischen Anspannungen erahnen, denen die Soldaten in ihren meist provisorischen Unterkünften ausgesetzt waren (vgl. Abb. S. 71). Ein ganz anderes Bild des Krieges vermitteln touristische Motive, die Sehenswürdigkeiten und Besonderheiten jener Orte ins Bild rücken, in deren Nähe Schirrmanns Landsturmbataillon stationiert war. Ein besonderes Auge beweist er für idyllische Orts- und Naturimpressionen sowie die Darstellung ländlich-bäuerlicher Arbeitswelten. So gelingen ihm zahlreiche malerische Aufnahmen, zumeist mit arrangiert wirkenden Personenkonstellationen: verwinkelte Hinterhöfe und mittelalterliche Fachwerkensembles, ein Angler an einer Kanalschleuse, Bauern mit Ochsengespannen und Pferdefuhrwerken, eine Weinprobe in einem Winzerkeller, Frauen am Waschplatz, eine Tracht tragende Elsässerin am Webstuhl und viele mehr (vgl. Abb. S. 72 f.). Solche Motive entsprechen dem romantischen Bildkanon der Jugendbewegung und lassen vermuten, dass der nostalgische Blick auf Naturidyllen und die vermeintlich „heile Welt" vorindustrieller Kulturen für den Soldaten auch eine Fluchtfunktion vor der rauen Realität des Krieges hatte.

Obwohl sein Kriegseinsatz für Schirrmann glimpflich verlief, scheint er für ihn ein einschneidendes Erlebnis gewesen zu sein, das ihn zu einer bemerkenswerten Erweiterung des Jugendherbergsgedankens in Richtung internationaler Begegnung und Verständigung führte. Immer wieder formulierte er seitdem die Vision eines friedlichen Zusammenlebens der Völker und propagierte das auch als Leitgedanken des Jugendherbergswerks. Für seinen Kompagnon Wilhelm Münker war die Kriegszeit ebenfalls einschneidend, nicht zuletzt, weil sie ihm einen irreparablen Hörschaden einbrachte, den er später durch ein großes Hörrohr auszugleichen versuchte.

Der Ausbau des Jugendherbergswerks im Weimarer Wohlfahrtsstaat

Bereits im Frühjahr 1919 nahmen Münker und Schirrmann ihre Arbeit für den Ausbau des Herbergsnetzes wieder auf. Durch persönliche Kontaktaufnahmen und Werbemittel aller Art bemühten sich die beiden höchst erfolgreich um Unterstützung für ihr Werk. Vor allem Münker nutzte seine Verbindungen zur westfälischen Industrie für die Einwerbung von Geld- und Materialspenden. Mit der Heeresverwaltung verhandelten beide erfolgreich, um Einrichtungsgegenstände aus nicht mehr genutzten Kasernen zu bekommen.

Auch organisatorisch stellten sie das Werk neu auf. Am 2. November 1919 entstand offiziell das Deutsche Jugendherbergswerk (DJH) mit Münker als ehrenamtlichem Hauptgeschäftsführer. Die zentrale Geschäftsstelle wurde in seinem Wohnhaus in Hilchenbach eingerichtet und nahm dort nach und nach immer mehr Zimmer als Büroräume für die wachsende Zahl von Mitarbeitern in Anspruch.

Schirrmann seinerseits ließ sich 1921 vom Schuldienst freistellen, um sich ganz dem Ausbau des Jugendherbergswerks zu widmen. Er trat wie Münker der linksliberalen Deutschen Demokratischen Partei bei und war von 1919 bis 1924 Stadtverordneter in Altena. Privat begann der damals 49-jährige Familienvater 1923 eine Liaison mit der 19-jährigen Elisabeth Borbeck, die er 1929 nach der Geburt des ersten von insgesamt sechs gemeinsamen Kindern und der Scheidung von seiner ersten Frau heiratete.

In Anpassung an die veränderte politische Situation schrieben Schirrmann und Münker ihrem Projekt in der Weimarer Republik strikte politische und weltanschauliche Neutralität auf die Fahnen. Das Jugendherbergswerk gab sich demokratische Verbandsstrukturen, nahm Sozialdemokraten, Juden und Frauen in Vorstände und Verwaltungsräte auf und öffnete die Jugendherbergen für die organisierte Arbeiterjugend. Ausdrücklich waren sie bis 1933 satzungsgemäß „allen Jugendlichen ohne Unterschied" zugänglich und boten so Raum für die Begegnung der unterschiedlichen gesellschaftlichen Lager. Gleichzeitig suchten beide Jugendherbergswerkgründer auch weiterhin den Schulterschluss mit konservativen Kräften und Ideen. So verwiesen sie auf die Bedeutung ihres Werkes für „Volksgesundheit", „Disziplin und Ordnung", „Erhaltung und Stärkung der Wehrkraft" und auch für die Unterstützung des „Grenz- und Auslandsdeutschtums".

Einer besonderen Wertschätzung und institutionellen Förderung erfreute sich die Jugendherbergsbewegung in ihrem Ursprungsland Westfalen. Schon 1920 beschloss der

Die Geschäftsstelle des Jugendherbergswerks in Hilchenbach, um 1930.

Elisabeth Schirrmann als Gymnastiklehrerin im Kinderdorf Staumühle, um 1930.

Westfälische Provinziallandtag die Errichtung einer provinzeigenen Jugendherberge auf der Hohensyburg bei Dortmund. Nach Gründung des Landesjugendamtes Westfalen im Jahr 1924 erhielten die drei westfälischen Zweigausschüsse des DJH dann regelmäßig einen Großteil der Fördermittel des Amtes.

So erlebte die Jugendherbergsbewegung in Westfalen nach dem Ersten Weltkrieg einen enormen Aufschwung. Allein im „Stammgau Sauerland" stieg die Zahl der Herbergen zwischen 1919 und 1928 von 40 auf über 100, die der jährlichen Übernachtungen von 20.000 auf 186.000 an. Reichsweit überschritt sie 1929 die 3,5-Millionen-Marke. Damit wurden Jugendherbergen zu einem wichtigen Bestandteil der touristischen Infrastruktur Westfalens. Parallel zum quantitativen Ausbau des Herbergsnetzes veränderte sich das Innere der Einrichtungen: Schlafsäle mit Etagenbetten ersetzten allmählich die Strohlager, „moderne" Waschanlagen die Pumpen vor dem Haus. (s. Bildkapitel 5) Gleichzeitig begann die kommerzielle Werbung die jugendlichen Herbergsgäste als Zielgruppe zu entdecken. Die zahllosen Produktanzeigen im Verbandsorgan „Die Jugendherberge" – für Wanderkleidung und Fertignahrung, Fahrräder und Musikinstrumente, Fotokameras und Sonnenschutzmittel – illustrieren das anschaulich.

Die Popularisierung der Jugendherbergen hatte allerdings auch ihre Schattenseiten. Seit Mitte der 1920er Jahre häuften sich die Klagen über „seltsame Herbergsgäste"[9], die mit Autobussen und Motorrädern, „Koffern und Köfferchen" anreisten, die lärmten, rauchten und Bier tranken und die Jugendherbergen offenbar ausschließlich als billige Alternativen zu Hotels betrachteten.

Das Kinderdorf Staumühle

Richard Schirrmann selbst verlagerte einen Teil seiner Energie ab 1925 auf ein spezielles Herzensprojekt, das Kinderdorf Staumühle, das in einem ehemaligen Kriegsgefangenenlager am Rande des Truppenübungsplatzes Senne zwischen Bielefeld und Paderborn entstand.[10] Ursprünglich war er in den ungenutzten Baracken nur auf der Suche nach „billigem Herbergsgerät"[11] gewesen, hatte dann aber vom Standortkommandanten kostenlos große Teile des Lagers mit 25 Baracken und insgesamt 1.000 Betten übernommen, um dort eine „Pflegestätte des Heimatsinnes, der Naturliebe und des Gemeinschaftsgeistes" einzurichten. Während des Schuljahrs fanden in Staumühle in erster Linie geschlossene Klassen aller Schulformen aus dem Ruhrgebiet für drei bis vier Wochen Aufnahme, in den Ferien kamen auch Kinder- und Jugendgruppen. Konzeptionell war das Kinderdorf eine Mischung aus Erholungsheim, anschauungs- und erlebnisorientierter Freiluft-Schule und straffer Gemeinschafts- und Ordnungserziehung. Das Konzept war erkennbar von lebensreformerischen, zivilisationskritischen und reformpädagogischen Ideen beeinflusst und zielte auf ein ganzheitliches Erziehungsmodell, das vor allem dem Gemeinschaftsgedanken und der Körperertüchtigung dienen sollte. Schirrmann selbst beschrieb das in seiner blumigen Ausdrucksweise so: „Ein Land der Freude und Sonne will Staumühle für unsere Jugend ohne Unterschied und namentlich für die Kinder des rheinisch-westfälischen Industriegebiets sein, die durch Krieg, Hunger und Feindbesatzung, durch Licht- und Lufthunger in Mietskasernen unserer verräucherten Industriegroßstädte, [sic!] sowie durch die Arbeitshaft der Eltern, den unverschuldeten Fluch eines stark verkümmerten und oft so liebeleeren [sic!] Jugendlandes erfahren. [...] Nicht soll Staumühle eine Mastanstalt werden, wie es manches Erholungsheim ist. Neben angemessener Ausspannung soll sich die Jugend in Staumühle tüchtig in Sonne und frischer Luft tummeln. Ihr ganzes Körperhaus soll bis in die letzten Zellenkammern durchlüftet und ertüchtigt werden, sintemal [sic!] frische Nerven und straffe Muskeln mehr wert sind, als dicke Fettpolster. Nicht den Angekrankten und Verseuchten, sondern den noch Gesunden und Starken will Staumühle dienen. [...] Denn Vorbeugen ist besser als Heilen!"[12]

Mehr als dreihundert, zum Teil von Schirrmann selbst aufgenommene Fotos geben einen anschaulichen Einblick in den Alltag im Kinderdorf (s. Bildkapitel 7): Die Abholung vom Bahnhof und der Bezug der Baracken ist ebenso dokumentiert wie der tägliche Frühsport, das kollektive Baden im Haustenbach, Sauberkeitskontrollen, das Essen in der Speisebaracke, diverse Küchen- und Arbeitsdienste, aber auch naturkundlicher Unterricht, Sing- und Spielstunden, Kunstaktionen, Freilichttheater, Lagerfeste, Wanderungen und Ausflüge in die Umgebung sowie Gottesdienste in der „Waldkirche". Überhaupt fanden fast alle Aktivitäten im Freien statt – eine „prächtige Abhärtungsschule für luftentwöhnte Stadtjugend", wie Schirrmann erklärte.[13]

Als Schirrmanns Assistentin und Gefährtin in Staumühle fungierte seit 1926 seine spätere Ehefrau Elisabeth Borbeck. Immer wieder ist die jugendbewegte Mitzwanzigjährige auf Schirrmanns Fotografien als Gymnastiklehrerin und „Märchenfrau" inmitten von Mädchengruppen zu sehen, die sie auf Waldlichtungen oder an der Wassermühle um sich versammelt hatte. Über reformpädagogische Ideen hinaus verfolgten Schirrmann und seine Mitstreiter mit dem Engagement in Staumühle durchaus auch gesellschaftliche und politische Visionen, die Schirrmann in „ein Traumgesicht" kleidete: „Ich sah alle Truppenübungsplätze in Deutschland, Frankreich, England, Belgien, Holland, Italien, Polen, Russland, Amerika und in der ganzen Welt abgebaut und in Kinderdörfer und Freiluftschulen verwandelt und statt mit Soldaten mit Millionen froher gesunder Kinder gefüllt. Da war Friede unter den Menschen auf der ganzen Erde."[14]

Während Staumühle offenbar in pädagogischen Kreisen große Resonanz und Anerkennung fand, war das Experiment im Jugendherbergswerk selbst umstritten. Namentlich Wilhelm Münker kritisierte, dass Schirrmann beide Initiativen unzulässig verquicke und Ressourcen des Herbergswerks in das Kinderdorf lenke. Mit Beginn der Weltwirtschaftskrise gerieten dann sowohl das Kinderdorf als auch das gesamte Jugendherbergswerk finanziell unter Druck. In den Fördergremien mehrte sich die Kritik an der massiven Subventionierung ausgerechnet dieser Initiativen. Das Jugendherbergswerk reagierte, indem es in seinen Werbekampagnen die „volksgesundheitliche und erzieherische Bedeutung des Jugendwanderns" betonte und auch vor drastischen Kostenvergleichen nicht zurückscheute. Ein Cartoon in der Verbandszeitschrift „Die Jugendherberge" hatte schon 1927 verkündet: „Für Verwahrlosten-, Irren-, Trinker- usw. Fürsorge werden jährlich viele hundert Millionen ausgegeben... Für vorbeugende Maßnahmen hat man Almosen".

Cartoon in der Zeitschrift „Die Jugendherberge“ 8 (1927).

„Gleichschaltung“ durch die Nationalsozialisten

Die Nationalsozialisten, die in Deutschland 1933 die Macht übernahmen, schrieben sich unter rasseideologischen Vorzeichen die „Förderung der gesunden Jugend“ und insbesondere auch deren körperliche Ertüchtigung auf die Fahnen. Das schien durchaus Anknüpfungspunkte für die Jugendherbergsidee zu bieten. Und tatsächlich wurden nach der NS-Machtübernahme der Ausbau und die Modernisierung der Infrastruktur zunächst fortgesetzt. Damit einher ging ein weiterer Anstieg der Übernachtungszahlen. Gezielt wurde das 1933 von der Reichsjugendführung übernommene und gleichgeschaltete Jugendherbergswerk auf „Massenbetrieb“ ausgerichtet. An die Stelle von Einzelgästen, die nur noch geduldet waren, trat in den neuerbauten Großherbergen die Unterbringung von Schulklassen und HJ-Gruppen.

Mit den ursprünglichen Ideen der Gründer des Werkes hatte das nicht mehr viel zu tun. Während Wilhelm Münker das bald realisierte, im Sommer 1933 nach kurzem Zögern von seinem Amt als Hauptgeschäftsführer zurücktrat und sich in den folgenden Jahren auf seine Natur- und Heimatschutzaktivitäten konzentrierte, versuchte Schirrmann seinen Einfluss auf das Jugendherbergswerk zu bewahren. Dafür scheute er auch vor opportunistischer Selbstanpassung und einem fragwürdigen Deal mit der Hitlerjugend nicht zurück. Nach einem überfallartigen Absetzungsversuch am 10. April 1933 gab er seinen Vorsitz an „Reichsjugendführer“ Baldur von Schirach ab (der ihn bald darauf an Johannes Rodatz weiterreichte), stimmte der Verlegung der Geschäftsstelle von Hilchenbach nach Berlin zu und vereinbarte das Ausscheiden von „Marxisten“ aus den DJH-Gremien sowie die Entfernung von Herbergseltern, „die sich gegen die neue Staatsform wandten“.[15]

Wenig später trat Schirrmann als immerhin schon 59-Jähriger selber der HJ bei und stellte in der Folge mehrfach vergebliche Aufnahmeanträge in die NSDAP, selbst noch, als ihm der nationalsozialistische Staat den Reisepass entzog. Seine Hoffnung, dadurch Einfluss auf das Herbergswerk zu behalten, zerplatzte allerdings rasch, weil die HJ nicht bereit war, ihre Macht mit Repräsentanten des alten Systems zu teilen. Eine Verleumdungskampagne prangerte vor allem angebliche finanzielle Unregelmäßigkeiten sowie marxistische und internationalistische Umtriebe im Jugendherbergswerk an – letzteres aus NS-Sicht vielleicht sogar mit gewissem Recht, denn die deutschen Jugendherbergen hatten sich seit den 1920er Jahren auch zum Anziehungspunkt für viele ausländische Jugendliche und damit zu internationalen Begegnungsstätten entwickelt. Parallel dazu hatte Schirrmann internationale Kontakte auf- und ausgebaut, insbesondere nach Frankreich und in die USA; 1932 war er zum ersten Präsidenten der International Youth Hostel Federation (IYHF) gewählt worden. Dagegen entzog man ihm in Deutschland Stück für Stück seine Aufgaben. 1936 schloss ihn die Hitlerjugend wegen „schwerer Disziplinlosigkeit und HJ schädigenden Verhaltens“ aus ihren Reihen aus.[16] Es dauerte allerdings bis 1937, ehe Schirrmann nach „immer neuen Demütigungen“[17] und auch gewaltsamen Attacken auf ihn die Konsequenzen zog und vollständig aus der Arbeit für das Jugendherbergswerk ausstieg. Mit seiner auf sechs Kinder anwachsenden zweiten Familie – die jüngste Tochter Gudrun wurde 1942 geboren – zog er in die kleine Taunus-Gemeinde Grävenwiesbach um und war dort während des Krieges wieder als Volksschullehrer tätig. Zur gleichen Zeit wurden überall im Reich die Jugendherbergen zweckentfremdet und zu Wehrertüchtigungs- und Kinderlandverschickungslagern, Lazaretten, Wehrmachtskasernen, Kriegsgefangenen- oder Zwangsarbeiterlagern umfunktioniert, viele auch durch Bomben zerstört.

Wilhelm Münker blieb während der gesamten NS-Zeit von Hilchenbach aus ein streitbarer und durchaus einfluss-

Wilhelm Münker und Richard Schirrmann
im Burghof der Burg Altena, um 1950.

reicher und gut vernetzter Kämpfer für Natur- und Heimatschutz. Ende 1940 nahm ihn die Gestapo wegen seines lautstarken Protests gegen „Auswüchse der Außenreklame" sogar kurzzeitig in Haft, doch vier Jahre später wurde er mitten in der Endphase des Zweiten Weltkrieges zum Ehrenbürger seiner Heimatstadt ernannt.

Nach 1945: Mit alten Fahnen in die neue Zeit

Nach Kriegsende standen die beiden Gründungsväter des Jugendherbergswerks dann als über 70-Jährige sofort wieder bereit, um sich in einem neuen politischen System an die Wiederbelebung ihres Werkes zu machen; diesmal unter Protektion der britischen und amerikanischen Besatzungsbehörden, die vor allem den völkerverständigenden Aspekt der Jugendherbergsidee schätzten. Münker fungierte von 1945 bis 1949 erneut als Hauptgeschäftsführer des DJH; 1958 gründete er zur Sicherung seines Lebenswerks die „Wilhelm-Münker-Stiftung für Volksgesundheit, Wandern, Natur- und Heimatschutz".[18] Richard Schirrmann wurde 1949 wieder Ehrenpräsident des DJH, später auch Ehrenbürger der Stadt Altena und der Gemeinde Grävenwiesbach. Dort starb er 1961 im Alter von 87 Jahren. Zahlreiche Straßen und auch einige Schulen tragen bis heute seinen Namen. Und auch nach dem 1970 95-jährig gestorbenen Wilhelm Münker sind in Arnsberg, Hilchenbach, Siegen, Finnentrop und Kirchhundem Straßen benannt. Völlig zu Recht, denn bei aller Zeitgebundenheit ihres Denkens und Handelns bleibt der Aufbau des Jugendherbergswerks das bleibende Verdienst der beiden. Ganz nebenbei hat Richard Schirrmann Tausende von Fotos hinterlassen, die uns Jugendwandern, Jugendbewegung und Jugendherbergen im ersten Drittel des 20. Jahrhunderts anschaulich nahebringen.

---

1 Zit. nach Reulecke, Jürgen: Gegen eine „verkopfte, haus- und stadtverkäfigte Schule": Zu Richard Schirrmanns Werbekampagnen für „Volksschülerherbergen" um 1910, in: Ders./Stambolis, Barbara (Hg.): 100 Jahre Jugendherbergen 1909–2009. Anfänge – Wandlungen – Rück- und Ausblicke, Essen 2009, S. 57–68, hier S. 62.

2 Scharf, Anikó: Richard Schirrmanns Bilderwelt: Annäherungen an seinen Fotonachlass, in: Reulecke/Stambolis, S. 337–356, hier S. 338.

3 Vgl. zur Geschichte des Jugendherbergswerks v.a. die Beiträge des Sammelbandes von Reulecke/Stambolis sowie Kraus, Eva: Das Deutsche Jugendherbergswerk 1909–1933. Programm – Personen – Gleichschaltung, Berlin 2013 und Hartung, Karl: Das Jugendherbergswerk in Westfalen-Lippe. 50 Jahre DJH-Werk, Hagen 1959.

4 Zu Münker vgl. Scheuner, Ellen: Wilhelm Münker und sein Werk, in: Wilhelm-Münker-Stiftung (Hg.): Wilhelm Münker und sein Werk, Siegen 1983, S. 22–42; Deutsches Jugendherbergswerk (Hg.): Weg-Weiser und Wanderer. Wilhelm Münker. Ein Leben für Heimat, Umwelt und Jugend, Detmold 1989; Kraus, Das Deutsche Jugendherbergswerk, S. 125–127.

5 Reulecke, Gegen eine „verkopfte, haus- und stadtverkäfigte Schule", S. 59; vgl. Hartung, Das Jugendherbergswerk, S. 24.

6 Vgl. zuletzt Stambolis, Barbara: Jugendbewegungen. Aufbruch und Selbstbestimmung 1871–1918, Wiesbaden 2022, v. a. S. 52–58.

7 Alt-Wandervogel-Stiftungsfest und Weihe des Karl Ellermann-Denkmals, in: Westfälische Zeitung (11.8.1910).

8 Reulecke, Gegen eine „verkopfte, haus- und stadtverkäfigte Schule", S. 61.

9 „Seltsame Herbergsgäste", in: Die Jugendherberge 7 (1926), S. 156.

10 Vgl. zu Staumühle: Schirrmann, Richard (Hg.): Unsere Senne, Iserlohn 1928, v. a. S. 346–418; Schirrmann, Richard: Das Westfälische Kinderdorf Staumühle bei Paderborn. Eine Pflegestätte des Heimatsinnes, der Naturliebe und des Gemeinschaftsgeistes, in: Frei-Luft-Schulleben im Kinderdorf Staumühle bei Paderborn-Land, o. O. 1931, S. 3–24; Minster, Klaus: Das Kinderdorf Staumühle, in: Piesczek, Uwe (Hg.): Truppenübungsplatz Senne. Zeitzeuge einer hundertjährigen Militärgeschichte, Paderborn 1992, S. 242–255.

11 Schirrmann, Das Westfälische Kinderdorf, S. 4.

12 Schirrmann, Unsere Senne, S. 348–350.

13 Schirrmann, Das Westfälische Kinderdorf, S. 8.

14 Ebd., S. 24.

15 Kösener Abkommen vom 12.4.1933, abgedruckt in: Kraus, Das Deutsche Jugendherbergswerk, S. 9.

16 „Warnungskarte" für Richard Schirrmann vom 14.7.1936 (Bundesarchiv NS1).

17 Kraus, Das Deutsche Jugendherbergswerk, S. 296.

18 Später umbenannt in „Gemeinnützige Stiftung für Gesundheit, Wandern, Naturschutz und Heimatpflege".

Stephan Sagurna

Richard Schirrmann und die Fotografie

Fotogeschichtliche Betrachtungen über den visionären Einsatz eines modernen und aufstrebenden Mediums im 20. Jahrhundert

Die Anfänge

Eine der ältesten Fotografien aus der Sammlung Schirrmann, eine Aufnahme, die etwa aus dem Jahr 1907 stammt, zeigt eine Wandergruppe. Die Mitglieder der gut zwanzigköpfigen gemischten Gruppe sind schräg von hinten fotografiert, so dass man sehr gut ihre geschulterten Wanderrucksäcke mit Kochtöpfen und weiterem Wandergepäck sehen kann. Geigen und die typischen Wandervogel-Hüte mit eingesteckter Fasanenfeder sind ebenfalls zu erkennen. Im Fokus der Bildkomposition steht eine Frau, die sich besonders auch durch ihre helle und lange Wanderkleidung abhebt. In seiner Aufnahmeperspektive nähert sich der Fotograf seinem Motiv, dieser Gruppe, von hinten und folgt dabei der Blickrichtung der abgebildeten Personen. Die Wandergruppe, die von zwei neugierigen Kindern gesäumt wird, steht am Rande einer befestigten Allee an einem Geländer und blickt aus sicherer Perspektive interessiert auf ein Naturszenario. Bei genauerer Betrachtung lässt sich eine Schlucht erkennen, wahrscheinlich mit einem innerstädtischen Flusslauf, und wahrscheinlich auch im Sauerland gelegen, der neuen Heimat Schirrmanns.

Erhaltungszustand des originalen Glasnegativs einer Wandergruppen-Fotografie um 1907. Für einen Vergleich mit dem Tonwertumfang eines einwandfrei erhaltenen Schwarz-Weiß-Negativs ist ein 22-stufiger Referenz-Filmstreifen einer Normbelichtung unterhalb des historischen Negativs platziert.

Bei dieser Fotografie handelt es sich um eines der ca. 1.700 originalen Glasnegative der fotografischen Sammlung Schirrmann, die als Nachlass in den klimatisierten Archivkammern des LWL-Medienzentrums bewahrt werden.[1]

Heute, gut 115 Jahre nach ihrer Belichtung, ist auf der fotografischen Platte kaum noch etwas zu erkennen. Die fotografische Emulsion und ihre Bildsilberpartikel, auf denen die Bildinformation der Fotografie basiert, sind so stark gealtert, dass lediglich noch ein milchiger Belag mit nebelartigen Schattierungen erhalten ist. Vom einst kräftig durchgezeichneten Schwarz-Weiß-Negativ ist nicht viel mehr als eine Glasplatte mit letzten Spuren einer Belichtung geblieben.

In der digitalen Rekonstruktion konnte das Motiv zum Glück soweit wieder hergestellt werden, dass eine natürliche und tonwertrichtige Darstellung möglich ist.

Das Beispiel dieser Aufnahme zeigt, wie fragil historisches Fotomaterial sein kann. Je nach ursprünglicher Verarbeitungsqualität bereits während der Negativentwicklung und ihrer Folgeprozesse (Fixieren und Wässern), besonders aber auch in unmittelbarer Abhängigkeit der anschließenden Lagerbedingungen, erweisen sich historische Schwarz-Weiß-Negative als stabil oder eben – wie in diesem Fall – als flüchtig.

Instabile Verbindungen des fotografischen Bildsilbers und seiner Schwesterverbindungen können über eine Zeitspanne von Jahrzehnten oder einem Jahrhundert und mehr durchaus ein unkontrolliertes und unvorhersehbares Eigenleben entwickeln, das im schlimmsten Fall zum vollständigen Verlust der Bildinformation führen kann.[2] Umso bedeutender ist in diesem Zusammenhang die Verantwortung der Fotoarchive einzuschätzen. Denn nur bei fachgerechter Archivierung unter gewährleisteter Kontrolle von Temperatur, Luftfeuchtigkeit und schadstofffreier Luftqualität können die analogen fotografischen Schätze, wie der von Richard Schirrmann, gesichert und für zukünftige Generationen bereitgestellt werden.

Die Aufnahme der Wandergruppe ist bezeichnend für die Zeit ihrer Entstehung, kurz nach der Jahrhundertwende, ebenso aber auch für Richard Schirrmann und seinen Umgang mit der Fotografie. Um 1907 zählten Fotoapparate partout nicht zur Grundausrüstung des Gepäcks für bürgerliche Wanderer, geschweige denn für „Wandervögel", wie die jungen Wandergruppen, die an Sonntagen und in den Ferien lange Fußmärsche mit Selbstverpflegung durch die Natur unternahmen, sich selbst nannten. „Von vielen Gruppen und Ereignissen gibt es also keine Bilder."[3] Eine Kamera, wie die, mit der Schirrmann diese Wandergruppe fotografierte, passte auch nur mit Mühen und Unannehmlichkeiten für Träger und Tragekomfort in einen normalen Wanderrucksack. Die meisten dieser damals noch hölzernen Plattenkameras für Glasnegativplatten im Format 9 x 12 cm waren nämlich sehr groß und klobig, zudem erforderten sie für eine verwacklungsfreie Belichtung ein zusätzliches Dreibeinstativ. Das Erstellen von Fotografien war also, kurz nach der Wende zum 20. Jahrhundert, noch relativ aufwändig und daher Berufsfotografen und engagierten Amateuren vorbehalten. Wohl war der kleinformatigere und leichter zu handhabende Rollfilm bereits in Amerika erfunden, seine alltägliche Anwendung und der damit verbundene Schritt in die Popularisierung der Fotografie – nach dem Motto „You press the Button, We do the Rest" – sollte aber in Deutschland erst etwas später (mit dem Ersten Weltkrieg) erfolgen.[4] Trotzdem war die Fotografie schon *das* Medium des beginnenden 20. Jahrhunderts: Modern und ausdrucksstark überzeugend in ihren Qualitäten der visuellen Kommunikation, stand sie in Anwendung und Verbreitung kurz vor dem Durchbruch zum Massenmedium.

Richard Schirrmann muss bereits früh in Kontakt mit der Fotografie gekommen sein. Bei dem jungen und engagierten Lehrer in den Mittzwanzigern lässt sich ein gewisses Grundinteresse an Technik und eine ebensolche Offenheit vermuten. Auch die relative Nähe zu Königsberg, mit seiner Strahlkraft als bedeutendes Zentrum für Wirtschaft und Kultur, wird für den Zugang des jungen Ostpreußen zur Fotografie förderlich gewesen sein.[5]

Seine Technikbegeisterung drückte Schirrmann sehr anschaulich in einer Festrede zur Jahrhundertwende 1899/1900 aus. Darin beschrieb er das scheidende 19. Jahrhundert als „das Jahrhundert der ‚Entdeckungen und Erfindungen'" und schloss die Erfindung der Fotografie im Rahmen der Licht- und Röntgenbildgebungsverfahren mit ein.[6]

Als Schirrmann 1901 nach Gelsenkirchen und kurz darauf ins Sauerland übersiedelte, war er demnach bereits mit der Fotografie vertraut. Die Wirkkraft dieses Mediums setzte er fortan gezielt ein, um seine Ideen von der „Natur als Klassenzimmer", des Wander- und daraus resultierenden Herbergs-Gedankens voranzutreiben. In dieser Zeit und auch während des Ersten Weltkriegs fotografierte Schirrmann auf 9 x 12 cm großen Glasnegativplatten, die inzwischen industriell hergestellt als sogenannte „Trockenplatten" gehandelt wurden.[7] Während des Ersten Weltkriegs ließ der fotografiebegeisterte Soldat Schirrmann sich eigens eine Genehmigung zum „Photographieren im Operations- und Etappengebiet" ausstellen.[8] Diesem Umstand sind seine noch heute erhaltenen Aufnahmen aus dem Ersten Weltkrieg in den Vogesen zu verdanken (s. Bildkapitel 3). Diese Fotografien liefern uns heute nicht nur ein anschauliches Bild von Schirrmanns Kameraden, den Unterkünften, Zerstörungen und Grabstätten, sondern auch von Begegnungen mit der Bevölkerung, die er immer wieder in Porträts festgehalten hat. Letztlich bewährte sich das Fotografieren in der Etappe als ein großes Outdoor-Training in angewandter Fotografie. Diese Erfahrung sollte Richard Schirrmann und seinen Umgang mit der Kamera um ein großes Stück Routine bei seiner späteren Wander- und Herbergsfotografie bereichern.

Nicht nur Schirrmann und seine Fotoerfahrung entwickelten sich so weiter, sondern auch das Medium Fotografie selbst, das während der Zeit des Ersten Weltkriegs zu einem Massenmedium wurde. Ganz im Sinne Kurt Tucholskys („Eine Agitation kann gar nicht schlagfertiger [als mit Fotografie]

171

Die Jugendherberge.

Bild 1 Eine größtenteils mit Hilfe von Schulkindern ausgebaute JH einer OG.

Fotografische Illustration zum Thema „Schulwerbung".
Zeitschrift des Verbandes für Deutsche Jugendherbergen 11 (1927).
Bildunterschrift: „Eine größtenteils mit Hilfe von Schulkindern ausgebaute JH einer OG [Ortsgruppe]".

geführt werden"[9]) setzte Schirrmann fortan voll auf das neue Massenmedium und nutzte ganz bewusst die emotionale Kraft fotografischer Bilder, um seine Jugendherbergsidee voranzutreiben.

Das Lichtbildwesen

Mit Beginn der 1920er Jahre illustrierten Fotografien nicht nur die monatlich erscheinende Zeitschrift „Die Jugendherberge", sondern wurden darüber hinaus auch zunehmend „für die Werbearbeit" des Reichsverbands für Deutsche Jugendherbergen eingesetzt. Hierfür verwendete Schirrmann nicht nur seine eigenen Fotografien, sondern gezielt auch Aufnahmen professioneller Fotografen wie die des Chronisten der Wandervogelbewegung Julius Groß[10] und des Hilchenbacher Fotografen W. Immig. Bildmaterial engagierter Fotoamateure, das über Fotoaufrufe oder Fotowettbewerbe akquiriert werden konnte, wurde ebenfalls konsequent eingesetzt. Im Portfolio der lichtbildnerischen Werbearbeit gab es eine Bandbreite, die von „Bilderalben mit künstlerischen Aufnahmen der schönsten Jugendherbergen und Jugendburgen", „Bildermappen", „Druckstöcke für Zeitungen und Zeitschriften ... leihweise kostenlos" über „Künstler-Postkarten", „Lichtbilder ... in Postkartengröße [und] auf Karton aufgezogen" bis hin zu einzelnen „Glaslichtbilder[n] (Diapositive)" und kompletten „Glaslichtbildreihen ... für Vorträge leihweise" reichte.[11]

Gerade die heute noch erhaltenen Motive der Glaslichtbildreihen, einige von ihnen sogar in handcolorierter Ausführung, haben als Fotografien einen ganz eigenen Charme. In den 1920er Jahren waren Lichtbildvorträge mit Glaslichtbildreihen modern und am medialen Puls der Zeit. Nicht nur das Jugendherbergswerk unterhielt zeitweilig eine eigene „Lichtbildnerei", sondern es gab auch einen eigenen fotografischen Gewerbezweig der Lichtbildverlage, die solche thematisch gegliederten Bildreihen mit Glasdias produzierten und vertrieben. Auch die Gründung der Bildstellen, nicht zuletzt der Landeslichtbildstelle des Provinzialverbandes Westfalen (1928), aus der das heutige LWL-Medienzentrum für Westfalen hervorgegangen ist, fällt in die Zeit dieser zunehmend durch Fotografie und Lichtbildreihen geprägten Medialisierung in der Weimarer Republik.

Schirrmann nutzte die Reihen auch für seine eigenen Vorträge, wie sich seine Tochter Gudrun erinnert: „Hatte er sich doch beim Aufbau seines Werkes dieses stärksten Mittels erfolgreich bedient, wenn er sich mit seinem Rucksack voller Glasbilder in die umliegenden Städte aufmachte, um dort mit Wort und Bild von seinen Schülerwanderfahrten zu erzählen und für seine Herbergsidee zu werben".[12]

Dank der guten Überlieferungsdichte in der fotografischen Sammlung Schirrmann konnten zu mehreren Vortragsdias der Lichtbildreihen auch die passenden Ursprungsmotive gefunden werden. Das Ursprungsmotiv, die Master-Fotografie sozusagen, ist immer ein schwarz-weißes Glasnegativ im rechteckigen Format 9 x 12 cm. Für diese Aufnahme wurde dann ein quadratischer Ausschnitt bestimmt, der durch Umkopieren (bevorzugt im Kontaktverfahren) auf eine entsprechend quadratisch konfektionierte Negativplatte übertragen wurde. Durch die Anfertigung einer Negativ-Kontaktkopie von einem Negativ entstand dann ein Positiv (minus x minus = plus). Für den Kontrast und die passenden Tonwerte dieses gläsernen Diapositivs war der chemische Entwicklungsprozess beim Umkopieren entscheidend. Hier durfte keine Normal-Entwicklung, wie für die reguläre Negativ-Entwicklung, vorgenommen werden, sondern es musste härter und kontrastreicher als üblich entwickelt werden. Nur so ließ sich das relativ weich arbeitende Negativmaterial zu einem ausreichend kontraststarken Vortragsdia für die Projektion verarbeiten.

Dies waren die Aufgaben der Fachlaborantinnen und -laboranten in der Lichtbildwerkstatt oder in der Kopieranstalt der Lichtbildverlage. Auch die erforderlichen Retuschearbeiten und nachträgliche Kolorierungen ausgewählter Schwarz-Weiß-Motive gehörten zu den Arbeiten, die in diesen Werkstätten ausgeführt wurden.

Für die Bruchsicherheit und als Schutz vor Verkratzungen der fotografischen Schicht folgten als letzte Arbeitsgänge anschließend noch das Aufbringen eines Schutzglases im Sandwich-Verfahren, die schwarze Randmaskierung und eine Nummerierung oder Betitelung. Für den Projektionseinsatz während des Lichtbildvortrags musste jedes einzelne Dia dann noch in einen hölzernen Projektionsrahmen gesteckt werden, um geschützt und exakt positioniert mit dem Diaprojektor vorgeführt werden zu können.

Weil Schirrmann bei seiner Werbung für die Jugendherbergsidee meist auf Lichtbilder zurückgriff, erscheinen die Verwendung und der Einsatz von Fotografien aus heutiger Perspektive medienstrategisch konsequent. Für alle Fotografien, derer er sich bediente, galt: Ob nun selbst mit der eigenen Kamera erstellt, extern beauftragt oder von Dritten übernommen, Urheberschaft und Quelle wurden konsequent den auf den Fotografien abgebildeten Inhalten und dem Verwendungszweck für „die eine Sache" untergeordnet. Aus diesem Grund gibt es für die Sammlung Schirrmann keinen en détail ausdifferenzierten Urhebernachweis-Katalog zu den einzelnen Fotografien.

Neues Sehen und technische Innovation

Neben mediengeschichtlichen und fototechnischen Aspekten eröffnet das fotografisch sehr heterogene Konvolut der Sammlung Schirrmann auch die Möglichkeit, ästhetische Entwicklungen der Fotogeschichte nachzuvollziehen.

Während Richard Schirrmann mit seinem Motiv „Familie, vor einem Fischerhaus" um 1920 noch eine kunstfotografische Aufnahme par excellence fotografiert und dabei alle Register einer rückwärts ins 19. Jahrhundert gewandten Ästhetik zieht, entwickelt sich nahezu zeitgleich bereits die fotografische Moderne. Mit dem „Neuen Sehen" und einer „Neuen Sachlichkeit" formiert sich ein neues Selbstverständnis in den Werken von Fotografinnen und Fotografen der Weimarer Republik, das am Bauhaus 1925 mit einer wegweisenden Positionierung von László Moholy-Nagy über „Die Zukunft des fotografischen Verfahrens" geradezu ein Manifest erfährt.[13]

Zuordnung auf dem Leuchttisch. Ursprüngliches Glasnegativ (oben) und umkopiertes Glaspositiv (Dia) für die Projektion (unten).

Objektbezogene Sachlichkeit, Klarheit, Nüchternheit, gepaart mit handwerklicher Präzision, bildeten die neuen Leitlinien einer aufgeräumten und modernen Ästhetik in der Fotografie. Einer der prominentesten Vertreter dieses Neuen

Familie, vor einem Fischerhaus. Fotografie in der Ästhetik des Piktoralismus des 19. Jahrhunderts.

Sehens war Albert Renger-Patzsch, der 1928 einhundert neusachliche Schwarz-Weiß-Fotografien unter dem Titel „Die Welt ist schön" veröffentlichte.[14] Auch in der Sammlung Schirrmann finden sich Zeugnisse der fotografischen Moderne der Weimarer Zeit.

Eine dieser Fotografien zeigt die neue Jugendherberge Hagen an der Tuchmacherstraße im Jahr 1932. Die Bildkomposition ist sehr aufgeräumt, fast nüchtern, und kommt in einer flächigen, sehr grafischen Aufteilung daher, die motivisch an eine Vorlage für einen Siebdruck denken lässt. In ihrer Perspektive führt die Aufnahme den Blick der Betrachtenden über eine leere, unbelebte Straße und ein abstraktes Zaungitter auf das zentrale Motiv einer Brandschutzwand. Lediglich ein kleines weißes Schild auf der ansonsten kahlen Fassadenwand in der Silhouette des viergeschossigen Hauses weist die Architektur als „Jugendherberge" aus. Haupteingang und Fensterfront des Gebäudes liegen auf der Schattenseite und sind lediglich in grafischer Aufreihung zu erkennen. Ein verhangener strukturloser Himmel, milchig weiß und ohne Tiefe, rahmt die kantige Form der Fassade ein. Dieser Bildausdruck befindet sich auf einem Grat an der Grenze von Sachlichkeit zu Dystopie und weist eine ausgeprägte neu-sachliche Bildsprache auf.

Auch wenn die Fotografin oder der Fotograf dieser Aufnahme im Album „1932" der Sammlung Schirrmann nicht überliefert ist, hat diese anonyme Fotografie einen hohen fotogeschichtlichen Stellenwert. Vereint sie doch geradezu beispielhaft alle maßgeblichen Stilmittel des Neuen Sehens auf ästhetisch höchstem Niveau vereint.

Parallel zur Entwicklung dieses neuen Selbstverständnisses in der Fotografie und der damit einhergehenden Ästhetik vollzogen sich auch auf dem Gebiet der Fototechnik bahnbrechende Entwicklungen, die dem Verlauf der Fotogeschichte weitere, entscheidende Impulse gaben: die Erfindung der Kleinbildfotografie durch Oskar Barnack und die Markteinführung der Leica durch Leitz im Jahr 1925.

Mit der Kleinbildfotografie eröffneten sich neue Dimensionen von Spontaneität und Flexibilität, der freihändigen und entfesselten Fotografie. Die technische Befreiung von den großen Aufnahmeformaten und behäbigen Kamerakonstruktionen befeuerte nicht nur das Neue Sehen und den nächsten Schritt in der Massenmedialität, sondern läutete eine neue Ära der Fotografie ein. Auch heute, im durch die Digitalfotografie geprägten 21. Jahrhundert, basiert ein Großteil der professionellen Digitalfotografie auf den Grundlagen der technischen Innovation der Kleinbildfotografie von 1925. Vergleichbares gilt für einen großen Teil des Amateursektors.

In den 1940er Jahren erhielt der fotobegeisterte Richard Schirrmann vom Kamerahersteller Leitz in Wetzlar – dessen Werk nur wenige Kilometer von seinem neuen Heimatort Grävenwiesbach entfernt liegt – eine Leica als Geschenk. Mit dieser Kamera konnte er jetzt noch einfacher Fotografien von Wanderungen, Reisen und zunehmend auch der eigenen Familie aufnehmen. Fotoalben gewannen durch die unkomplizierte Kleinbildfotografie ebenfalls an Bedeutung für Schirrmanns fotografische Sammlung. Bereits 1936 hatte er in einer Anweisung zur Nutzung einer Fotomappe für die „Internationale Arbeitsgemeinschaft für Jugendherbergen" festgelegt: „Für den schnelleren Rundlauf der Bilder müsste die Mappe [inkl. Bildbestellliste], wenn nicht am gleichen, so doch am nächsten Tage weitergesandt werden".[15] Fotomappen (oder Alben), die von Richard Schirrmann ausgehend zirkulierten oder ihm von außen zugetragen wurden – aus den einzelnen Gauen und/oder anlässlich von Jubiläen – nehmen im fotografischen Nachlass einen besonderen Stellenwert ein und sind dort mit mehr als einem Viertel des Gesamtbildvolumens vertreten.

Am Ende des Zweiten Weltkriegs wurde, während des Einmarschs der alliierten US-Streitkräfte in Grävenwiesbach im Frühjahr 1945, Schirrmanns Leica Kamera konfisziert und ward „nie wieder gesehen".[16]

Wegen seiner guten Beziehungen zu den Ernst-Leitz-Werken in Wetzlar und vor dem Hintergrund seiner weltweiten Werbewirksamkeit erhielt Richard Schirrmann aber bald darauf wieder eine neue Leica von Leitz – heute würde man ihn dafür „Markenbotschafter" nennen.[17]

Herausragendes Beispiel für die Neue Sachlichkeit in der Fotografie. Aufnahme der Jugendherberge Hagen, 1932.

American Overseas Airlines, Richard Schirrmann auf der Rhein-Main-Airbase, Frankfurt, 1949. Graflex-Aufnahme 4x5".

Amerikanische Graflex-Laufboden-Kamera aus dem Jahr 1949, Rückwand-Höhe 17 cm, -Breite 14,5 cm.

Eine amerikanische Pressefotografie

Dass die medialen Mühen (und Freuden) Schirrmanns von Erfolg gekrönt waren und sich damit ein weltumspannendes Jugendherbergswesen bereits zu seinen Lebzeiten aufbauen und bewerben ließ, dokumentiert eine Pressefotografie aus dem Jahr 1949. Das Foto zeigt ihn auf der Fluggasttreppe eines Flugzeugs der US-amerikanischen Fluggesellschaft American Overseas Airlines auf der Rhein-Main-Airbase, Frankfurt. Gemeinsam mit seinen beiden jüngeren Kindern Gudrun und Harald steigt Richard Schirrmann die Treppe hinauf, um eine Gruppe des amerikanischen Jugendherbergsverbands (American Youth Hostels, AYH) zu begrüßen.

Noch vor dem Zweiten Weltkrieg, 1935, hatte Schirrmann persönlich die erste internationale Jugendherberge in den USA mit eingeweiht, die auch seinen Namen erhielt. Nach den Wirren des Kriegs unterstützten bereits ab Sommer 1946 amerikanische Freiwillige den Wiederaufbau zerstörter deutscher Jugendherbergen. Ab 1948 wurde der internationale Jugendaustausch durch die von Schirrmanns amerikanischen Freunden Monroe und Isabel Smith gegründete Organisation „Jugendflotte (Youth Argosy)" per Schiffspassagen und subventionierten Interkontinentalflügen gefördert.[18]

Dass die grundlegende Idee Schirrmanns trotz der Zerwürfnisse und dem unermesslichen Leid des Zweiten Weltkriegs standhalten konnte und schon wenige Jahre nach Kriegsende ein völkerverständigender transatlantischer Jugendaustausch unter dem Dach des Jugendherbergswerks möglich war, dokumentiert diese Fotografie.

Aufgenommen wurde sie im charakteristischen Aufnahmeformat 4x5" mit einer klassisch amerikanischen Pressekamera, wohl einer Graflex-Reportagekamera, wie sie bis in die 1950er Jahre von US-Fotojournalisten und Kriegsfotografinnen eingesetzt wurde.[19] Dieser Kameratyp mit seinen großen Negativen (umgerechnet 10,16x12,70 cm) wurde seit den 1920er Jahren in der US-amerikanischen Pressefotografie wegen seiner ausgezeichneten Bildqualität geschätzt.

Handschriftliche Notizen und Stempel auf der Rückseite des Abzugs dokumentieren die konkrete Verwendung als Pressefotografie. Mit ihrer sehr dynamischen Rollfeldästhetik, der amerikanischen Fluglinienbeschriftung und der internationalen Menschengruppe steht diese Fotografie in ihrer Bildsprache und Symbolik geradezu ikonisch für den weltumspannenden, modernen und zukunftsweisenden Jugendherbergsgedanken Richard Schirrmanns; ein ausdrucksstarkes

Bild, das die Vision eines Mannes und seinen Einsatz für Jugend und Völkerverständigung einfängt.

Fotogeschichtlich schließt sich mit dieser Aufnahme ein Kreis. Denn die Fotografie aus dem Jahr 1949 ist fototechnisch genau dort verankert, wo Schirrmann gut 40 Jahre zuvor mit seinen ersten eigenen Fotografien begonnen hatte: aufgenommen auf großformatigem Schwarz-Weiß Negativmaterial mit einer entsprechend großen Balgenkamera. Auch wenn gravierende fototechnische Weiterentwicklungen zwischen diesen Aufnahmen liegen, so sind die Grundlagen der Fotografie doch unverändert geblieben. Diese Kontinuität ist eine der Stärken des Mediums. Für Richard Schirrmann, der die Wirkkraft von und Faszination für die Fotografie schon früh für sich erkannte, wurde sie zu einer verlässlichen Wegbegleiterin seiner Mission des Wander- und Jugendherbergsgedankens.

---

1 Zusätzlich zu den 1.757 großformatigen Glasoriginalen (Negative und Dia-Positive) befinden sich 679 Kleinbild-Negative und 1.567 Reproduktionen aus Fotoalben als „Sammlung Schirrmann" im Bildarchiv des LWL-Medienzentrums für Westfalen, Protokoll der Sammlungsinventarisierung 2008/2009.

2 Vgl. Brendel, Klaus-Peter: Aufbewahren, konservieren und restaurieren von Fotos. Zur Negativrestaurierung beim Rheinischen Bildarchiv, in: Fotos und Sammlungen im Archiv, hrsg. vom Landschaftsverband Rheinland, Rheinisches Archiv- und Museumsamt, Archivberatungsstelle, Köln 1997, S. 109–114, hier S. 112.

3 Ziemer, Gerhard/Wolf, Hans: Wandervogel Bildatlas, Bad Godesberg 1963, S. 6.

4 1888 wurde der Rollfilm vom US-Amerikaner George Eastman erfunden. Durch die parallele Einführung der kompakten und einfach zu bedienenden „Kodak"-Kamera und ihrer folgenden Weiterentwicklungen popularisierte sich die Fotografie und etablierte sich schließlich bis nach dem Ersten Weltkrieg als Massenmedium. Collins, Douglas: The Story of Kodak, New York 1990, S. 59–69 und S. 155.

5 Zur kulturellen Strahlkraft Königsbergs und Aspekten der Fotografie in Ostpreußen um 1900 vgl. auch: Sagurna, Stephan: Tradition und Einfluss, in: Der Augenblick. Die Fotografin Annelise Kretschmer, Köln 2022, S. 39–60, hier S. 40–41. Schirrmann selbst beschreibt die Bahnverbindung ins nahegelegene Königsbergs als „pulsierende Lebensader der Kultur", vgl. Schirrmann, Richard: Mein Lebenslauf (Lebenslauf des Lehrers Richard Schirrmann, 1898/99), Abschrift Gudrun Schirrmann, freundlicherweise zur Verfügung gestellt von Irmgard Rüter, geb. Schirrmann, 5.10.2023.

6 Schirrmann, Richard: Zur Jahrhundertwende. Entwurf einer Festrede zum Jahreswechsel 1899/1900, datiert 21.12.1899. Abschrift von Gudrun Schirrmann, überliefert im Richard-Schirrmann-Museum in Grävenwiesbach.

7 Im Vergleich zur bis Ende des 19. Jahrhunderts verwendeten Nassplatten-Technik, dem nassen Kollodium-Verfahren, bei dem die fotografische Vorbereitung mit einem lichtsensibilisierenden Beguss der Glasplatte (bei Dunkelheit im Labor/Laborzelt) unmittelbar vor der eigentlichen Aufnahme erfolgte, war die Einführung der bereits beschichteten und sensibilisierten Trockenplatte nicht nur ein technischer Fortschritt, sondern auch eine Arbeitserleichterung für die Fotografierenden.

8 Genehmigung des „Photographierens im Operations- und Etappengebiet" des Landsturm Infanterie-Bataillon Siegen (XVIII.2), Chaume de Lusse, 5.11.1915, Kopie zur Verfügung gestellt von Irmgard Rüter, geb. Schirrmann, 5.10.2023.

9 Tucholsky, Kurt: Gesammelte Werke in zehn Bänden. Band 1, Reinbek bei Hamburg 1975, S. 47. Erstveröffentlicht in: Vorwärts (28.6.1912).

10 Daldrup, Maria/Rappe-Weber, Susanne/Rasch, Marco: „Ein Tagebuch in Bildern". Julius Groß als Fotograf der Jugendbewegung und sein Nachlass im Archiv der deutschen Jugendbewegung auf Burg Ludwigstein, in: Stambolis, Barbara/Köster, Markus (Hg.): Jugend im Fokus von Film und Fotografie. Zur visuellen Geschichte von Jugendkulturen im 20. Jahrhundert, Göttingen 2016, S. 285–314.

11 Aus der Aufzählung einer halbseitigen Werbeanzeige „Für die Werbearbeit" in: Die Jugendherberge 2 (Februar 1929).

12 Schirrmann, Gudrun: Richard Schirrmann, mein Vater, in: Reulecke, Jürgen/Stambolis, Barbara (Hg.): 100 Jahre Jugendherbergen 1909–2009. Anfänge – Wandlungen – Rück- und Ausblicke, Essen 2009, S. 323–335, hier S. 332.

13 Moholy-Nagy, Łaszlo: „Die Zukunft des fotografischen Verfahrens", in: Bauhaus Bücher 8, Malerei, Fotografie, Film, München 1925, S. 31–35 sowie der dazugehörige Abbildungsteil S. 45–135.

14 Renger-Patzsch, Albert: „Die Welt ist schön", München 1928.

15 Bildermappenbegleitschreiben Richard Schirrmanns vom 11.11.1936, Reproduktion im Bildarchiv für Westfalen des LWL-Medienzentrums unter der Archivnummer 07_1979.

16 Erinnerungen von Irmgard Rüter, geb. Schirrmann, freundlicherweise von ihr zur Verfügung gestellt am 5.10.2023.

17 Die Jubiläums-Leica Kamera mit der Seriennummer 450.000 wurde am 9.7.1949 offiziell an Richard Schirrmann übergeben. Als Empfänger einer Jubiläums-Leica steht Schirrmann damit in einer Reihe mit Persönlichkeiten wie Dr. Wilhelm Schneider, Erfinder des Agfacolor-Films (1946, Nr. 350.000) und Prof. Dr. Albert Schweitzer, Arzt, Musiker, Theologe und Philosoph (1951, Nr. 575.000). Auskunft des Leica-Archivs, Leica-Camera AG, Wetzlar, vom 13.12.2023.

18 Vgl. Smith, Israel Daniel: Isabel Bacheler Smith. Artist, Teacher, Mother & Peacemaker, Arvada 2012, S. 226–233.

19 Amerikanische Graflex-Kameras, Laufbodenkameras im 4 x 5"-Aufnahmeformat, entwickelten sich ab den 1930er Jahren zu einem Quasistandard der US-amerikanischen Fotoreporter.

Christiane Cantauw

(Fast) umsonst und draußen

Bilder vom Jugendwandern popularisieren die Wander- und Jugendherbergsidee

Einleitung

Wandern als Freizeitbeschäftigung erfreute sich seit dem 19. Jahrhundert gesamtgesellschaftlich wachsender Beliebtheit, was sich auch in der Gründung entsprechender Spartenvereine widerspiegelte. Abgesehen von den zahlenmäßig wenigen Arbeiterinnen und Arbeitern, die in ihren raren Mußestunden Wanderungen unternahmen und sich in der Naturfreundebewegung organisierten, war Wandern um die Wende zum 20. Jahrhundert jedoch „vorerst noch kein ‚populäres' Vergnügen, sondern eben eine exklusive bürgerliche Kulturübung",[1] die ggf. auch gegen andere Milieus verteidigt wurde. Wie dabei argumentiert wurde, zitierte Richard Schirrmann bereits 1911: „Wenn Sie aber die Kinder des Volkes, also auch die der armen Leute, ans Wandern bringen, daß sie sich ihren Schlangenfraß selber schmurgeln und für ein paar Pfennig auf den Jugendherbergen nächtigen, so ist das einmal ein Unrecht gegen alle Gastwirte im Sauerland. Noch größer aber ist das Unrecht an den Kindern selbst, denen Sie durch das Wandern Genüsse zeigen, die für sie nicht gewachsen sind. Und so erziehen Sie unzufriedene Menschen und Sozialdemokraten."[2]

Um solche Vorbehalte zu widerlegen und Freunde und Förderer für Schülerwanderungen und -wanderfahrten zu gewinnen, rührten Richard Schirrmann und seine Mitstreiter eifrig die Werbetrommel. Eine besondere Rolle bei allen Werbemaßnahmen spielten Fotografien und Dias, die letztlich die bürgerliche Kulturübung Wandern für weitere Bevölkerungskreise öffnen sollten.

Bilder als Argumentationshilfen

Überblickt man die in den 1920er Jahren bereits recht umfänglichen Werbemittel des Reichsverbands für Deutsche Jugendherbergen, so wird deutlich, dass man vor allem auf die Wirkung von Bildern (Fotografien, Diapositive, Zeichnungen, Ansichtskarten, Filme) setzte. Anzeigen in der seit 1920 herausgegebenen Zeitschrift „Die Jugendherberge" verweisen unter anderem auf vorgefertigte Lichtbildervorträge (Skripte und Bilder), die vom Werbedienst Hilchenbach des Reichsverbands verkauft oder leihweise gegen eine Gebühr von drei Mark zuzüglich Versandkosten abgegeben wurden. Zu den Vorträgen gehörten 30 bis 60 Lichtbilder, „erstklassige[n] Aufnahmen in einwandfreier und werbekräftiger Beschaffenheit ausgeführt". Im Jahresbericht des Reichsverbands für Deutsche Jugendherbergen 1928 heißt es dazu: „Wir konnten einige neue und gut durchgearbeitete Glaslichtbilderreihen, teilweise mit gedruckten Vortragstexten, herausbringen, die sich einer ganz besonderen Beliebtheit erfreuen. Sie wurden, obwohl sie erst gegen Jahresende zur Verfügung standen, etwa 80mal benutzt. Einige Reihen befinden sich im Ausland. Etwa 20 Reihen erwarben Jugendpflegestellen, Schulen usw. käuflich. Im neuen Jahr [1929] hat sich die Nachfrage noch wesentlich verstärkt, so daß wir in Kürze einige weitere Reihen herausgeben werden."[3]

1929 umfasste die Lichtbildersammlung des Verbands für deutsche Jugendherbergen bereits 560 Aufnahmen, für die teilweise sogar eigene Fotoreisen unternommen worden waren.[4] Die zu Diareihen zusammengestellten Lichtbilder fanden bei Vorträgen Verwendung, die für das Schülerwandern und im Zuge dessen auch für das Jugendherbergswerk (JHW) warben. Um solche Werbeveranstaltungen zu professionalisieren, wurden die Gaue und Ortsgruppen des Herbergswerks aufgefordert, geeignete „Werberedner" für den jeweiligen Gau zu melden. Für das Sauerland standen beispielsweise sechs Lehrer, ein Stadtarzt und der Gau-Geschäftsführer Max Kochskämper auf der Liste, die in der Zeitschrift „Die Jugendherberge" publiziert wurde. Interessenten wurden gebeten, „sich rechtzeitig mit den in Betracht kommenden Persönlichkeiten in Verbindung zu setzen und mit ihnen von Fall zu Fall alles Nähere zu vereinbaren."[5] Seit 1926 verlieh der JHW-Werbedienst zudem die 1924 gedrehten Filme

Lichtbilder-Vorträge

des Reichsverbandes für Deutsche Jugendherbergen

Reihe 1: *Jugendwandern, Jugendherbergen, Jugendleben,* von Prof. Dr. Burkhart Schomburg, Bezirksjugendpfleger zu Lüneburg. 53 Lichtbilder. Mit Begleittext. **Textbuch 50 Pfg.**

Reihe 2: *Vom Massenlager zur Muster-Jugendherberge.* (Entwicklungsgeschichte des Jugendherbergswerkes) Erscheint mit Begleitwort in Kürze.

Reihe 3: *Die schönsten deutschen Jugendherbergen und Jugendburgen.* 60 Lichtbilder. Ohne Begleittext.

Reihe 4: *Die deutsche Jugendbewegung.* 60 Lichtbilder. Mit Begleittext.

Reihe 5: *Von Wanderkarten und Kartenlesen.* 30 Lichtbilder.

Weitere Reihen in Vorbereitung.

Sämtliche Bilder sind von erstklassigen Aufnahmen in einwandfreier und werbekräftiger Beschaffenheit ausgeführt.

Verkaufspreise auf Anfrage.

Alle Reihen werden auch leihweise gegen eine Gebühr von Mk. 3.— je Vorführung zuzüglich Versandkosten abgegeben.

Vertrieb:

Reichsverband für Deutsche Jugendherbergen
Werbedienst Hilchenbach in Westfalen

Die affektive Wirkung von Fotografien popularisierte die Wanderfahrten von Schülerinnen und Schülern. Werbeanzeige in: Die Jugendherberge 10 (1929), S. 63.

Erster deutscher Jugendwander- u. Herbergsfilm:

„Ich fahr in die Welt!"

Vor Vereinen, Schulen sowie in Kinos überall mit großem Erfolg aufgeführt. **Treffliches Werbemittel für die Rückkehr zur Natur und Lebenserneuerung.** Länge 1000 m. Füllt etwa eine Stunde. Durch Liederbegleitung wird die Wirkung noch wesentlich gesteigert. Liedertexte mit zahlreichen Abbildungen, sowie Noten und Anleitung durch alle Gaue und OG für DJH zu haben (Mk. 1,—)

Der neue Wanderfilm:

„O Wandern, du freie Burschenlust"

behandelt eine Schülerwanderfahrt in den Harz. **Er gibt einen guten Einblick in das Wanderleben und zeigt prachtvolle Landschaftsbilder.** Vorzügliches Werbemittel für das mehrtägige Wandern und das Herbergswerk. Länge 1000 Meter. Vorführungsdauer 1 Std. Bezug für unsere OG durch die zuständigen Gaue für Deutsche Jugendherbergen, für Kinobesitzer durch die Deutsche Lichtbild-Gesellschaft Berlin SW 19, Krausenstraße 38.

Jugendwanderfahrten und das Jugendherbergswerk verschmolzen filmisch zu einer Einheit. Werbeanzeige in: Die Jugendherberge 8 (1927), S. 208.

„Ich fahr in die Welt" und „O Wandern, du freie Burschenlust" an Kinos oder Schulen. Mit einer Abspieldauer von 60 respektive 90 Minuten warben diese Filme für eine „Rückkehr zur Natur und Lebenserneuerung" sowie für das „mehrtägige Wandern und das Herbergswerk".

Den enormen Bedarf an immer neuen Bildern belegt auch ein vom Reichsverband im Februar 1929 veranstaltetes Preisausschreiben, von dem man sich Fotografien erhoffte, die bei der „Werbung für die Förderung des Jugendwanderns und des Jugendherbergswerks in unseren Jahrweisern, Bildermappen, in der Zeitschrift ‚Die Jugendherberge' und in Werbeheften" verwendet werden könnten.[6]

Um die Werbemaßnahmen der verschiedenen Ortsverbände und Gaue zu bündeln und die Wahrnehmbarkeit des JHWs weiter zu erhöhen, wurde 1929 ein „Reichsherbergs-Werbetag" initiiert. Dass es dabei nicht ohne Bilder gehen würde, war Schirrmann bewusst. Allerdings waren nicht genügend Lichtbilderreihen vorhanden, „um an einem Tag Hunderte von Orten damit zu bedenken." Deshalb schlug Schirrmann vor, in den Schulen vor Ort Ansichtskarten über Epidiaskope zu vergrößern. „Mit leichter Mühe stellt man anhand wirklich guter Ansichtspostkarten Wanderfahrten kreuz und quer durch die deutschen Lande zusammen und streut zwischendurch natürlich auch Ansichten unserer

Richard Schirrmann produzierte auf seinen Wanderfahrten Bilder, die zentrale Inhalte seiner Idee visualisierten, hier: Schülerwandergruppe bei der Mittagsrast, um 1910.

Jugendherbergen, die auf der Wanderung durch die in Frage kommenden Landschaft am Wege liegen, hinein, aber so, daß sie gegenüber den Landschaftsbildern zurücktreten."[7]

Schirrmann hatte vermutlich bereits vor dem Ersten Weltkrieg die Erfahrung gemacht, dass Fotografien sich als nützliche Argumentationshilfen für seine Idee erweisen konnten: „In meinen Rucksack kommen Karten, Kompaß, etwas Verbandszeug und ein photographischer Apparat",[8] schrieb er in seiner programmatischen Schrift zum Thema „Vom Jugendwandern und welchen Sinn ich mir davon verspreche". Er, der sich für die ausschließliche Mitnahme des Unentbehrlichen aussprach, packte also stets einen Fotoapparat ein.

Diesem Umstand – und der Einschätzung ihrer Nützlichkeit für Werbezwecke – ist es zu verdanken, dass von den Wanderausflügen und Wanderfahrten, die Schirrmann mit seinen Schülerinnen und Schülern unternahm, fotografische Belege vorliegen. Ob diese lückenlos sind, kann aus der Rückschau nicht beurteilt werden. Es lässt sich aber belegen, dass die Fotografien bereits in den 1910er Jahren unter anderem genutzt wurden, um Zeitungsartikel, die für das Schülerwandern warben, zu bebildern.

Es deutet sich eine Praxis an, die vermutlich durchgehend angewendet wurde: Gelungene Fotografien wurden abfotografiert und als Dias gefertigt. Um die Wirkung der Bilder zu erhöhen, gab man teils sogar noch eine (kostspielige) Kolorierung in Auftrag (s. Bildkapitel 9). Farbfotografien und farbige Fotografien waren zu Beginn des 20. Jahrhunderts noch so selten, neu und ungewohnt, dass sie – selbst dann, wenn es sich um nachträglich kolorierte Schwarz-Weiß-Aufnahmen handelte – auf die Betrachterinnen und Betrachter eine besondere Faszination ausübten: Weil die Farbigkeit ihren alltäglichen Seherfahrungen entsprach, zogen diese Fotos die Betrachtenden geradezu ins Geschehen hinein.[9]

Theorie und Praxis des Schülerwanderns I

Angesichts der Vorbehalte gegen Schülerwanderungen und -wanderfahrten verfolgte Schirrmann die Strategie, in seinen Vorträgen und Artikeln stets dieselben Argumente gebetsmühlenartig zu wiederholen: Wanderungen mit Volksschülern waren in seiner Wahrnehmung nicht Selbstzweck, sondern gesellschaftspolitisch bedeutsam und wirksam, weil sie dazu beitrugen „ein gesundes, willensstarkes und tatenfreudiges Geschlecht heranzubilden."[10]

Wie viele Zeitgenossinnen und Zeitgenossen war auch Schirrmann durch die Industrialisierungsschübe der Kaiserzeit und in deren Folge das enorme Anwachsen der Städte und die Verelendung vieler Menschen, die Umweltbelastungen und die Veränderungen des Freizeitverhaltens beunruhigt.[11] Er bilanzierte: Die „Menschen sind ausgewandert und haben sich einen neuen Gott gemacht: das Gold. Und dieser Gott wohnt nicht in heiligen Hainen [...], sondern [...] an verschmutzten und verschlammten Wassern, wo die Menschen als Herdentiere zu Hauf leben und nichts von Himmelssternen wissen, weil sie nachts ihre eigenen Sonnen anstecken und Tag und Nacht ins Gegenteil verkehren können. Dieser Menschen hungerdürres Gebet zu ihrem Goldgötzengott heißt Arbeitshatz, und sein Gnadentum ist das nimmersatte Genußleben von Mann und Weib der Stadtsteinwüste."[12] Mit einer solchen Einschätzung und auch mit seiner bildhaften Sprache befand sich Schirrmann im Einklang mit der Kulturkritik reformpädagogischer Kreise, die sich von einer Erneuerungs- und Reformbewegung der Jugend einen gegenkulturellen Impuls erhofften.[13]

Dem kulturpessimistischen Befund setzte Schirrmann sein Konzept des Jugendwanderns entgegen, das „schul- und lebensreformerische Anregungen, Impulse des Heimat- und Naturschutzes sowie jugendbewegtes Aufbruchstreben"[14] miteinander verband. Wandern war in dieser Diktion sowohl gesundheitsfördernd, charakter- und gemeinschaftsbildend als auch lehrreich.

1. Gesundheit

Schirrmanns Idee vom Jugendwandern lässt sich anhand vieler Fotografien veranschaulichen. Eine dieser Fotografien, aufgenommen etwa 1910, zeigt eine Gruppe von 34 Schülern im Alter von etwa zehn Jahren. Rechts am Bildrand ist ihr Lehrer, Richard Schirrmann, zu sehen. Einige Jungen stehen, die im Vordergrund sitzen oder liegen auf einen Arm gestützt. Leicht rechts in der Mitte befindet sich eine Kochstelle; ein Schüler hebt gerade den Topfdeckel des darüber befindlichen Topfes. Der Lehrer und einige der Schüler halten Tassen, teils auch Löffel in den Händen. Offenbar befindet sich Suppe in dem Topf (vgl. Abb. S. 26).

Von dieser Aufnahme gibt es mehrere Ausfertigungen, die den Schluss nahelegen, dass auch hier eine bereits vorliegende Fotografie als Glasdia gefertigt wurde. Zusätzlich zu dem schwarz-weißen Diapositiv wurde noch ein koloriertes in Auftrag gegeben, dessen Qualität durchaus beeindruckend ist. Bei einem Vergleich des Schwarz-Weiß-Dias mit der kolorierten Variante fällt auf, dass einige Bildelemente durch die Farbigkeit hervorgehoben werden, so der Ball im Vordergrund und der Wurfspieß, den ein Junge im Hintergrund in die Kamera hält. Bei dem Ball handelt es sich um einen hochwertigen Lederfußball, wie ihn zu Beginn des 20. Jahrhunderts nur wohlhabende Jungen besaßen. Durch die Farbe, die golden anmutet, sowie aufgrund seiner Platzierung im Vordergrund zieht der Ball die Blicke geradezu an. Es hat den Anschein, als sei er kurz vor der Aufnahme aus dem Transportbeutel herausgeholt worden. Nun verhindert eben dieser Beutel, dass der Ball wegrollt.

Ball und Wurfspieß sind so platziert, dass sie die Horizontale und die Vertikale betonen. Rast und Nahrungsaufnahme werden damit durch eine weitere eher ungewohnte Komponente gerahmt: das sportliche Spiel. Mit Hilfe dieses Lichtbildes lässt sich ein Thema veranschaulichen, das Schirrmann sehr wichtig war: Schülerwanderungen sollten eine ausgedehnte Mittagsruhe von etwa vier Stunden einschließen, während der die Kinder nicht nur ausruhen und essen, sondern auch Gelegenheit zu „Spiel und Kurzweil"[15] bekommen sollten. Zeittypisch verband Schirrmann Ballspiel und Speerwürfe mit einem „Licht- und Luftbad"[16] – eine Praktik, von der man sich in der Naturheilkunde gesundheitsfördernde Wirkung versprach. Die sonnengebräunte Haut galt in diesem Zusammenhang als Ausweis von Vitalität und Gesundheit.

Die bei Wandertagen oder -fahrten gemachten Fotografien wurden nicht nur für Lichtbildervorträge, sondern auch zur Illustration von Zeitungsbeiträgen genutzt. So verwendete Schirrmann im Heft 5 des Sauerländischen Gebirgsboten, der seit 1893 herausgegebenen Mitgliederzeitschrift des Sauerländischen Gebirgsvereins, dieses und ein weiteres Foto zur Bebilderung seines Beitrags zum Thema „Volksschülerwanderfahrten. Wie ich mit Volksschülern wandere und zum anderen welchen Gewinn ich mir davon verspreche".

2. Charakterbildung und Gemeinschaft

Neben der Rast war es vor allem das Abkochen, welches sich als Fotomotiv eignete: „So lassen sich noch unzählige Motive angeben, die uns beim Wandern auf Schritt und Tritt begegnen. Ich erwähne nur noch die lustigen Szenen beim Abko-

Das Jugendwandern entwickelte sich in den 1920er Jahren sukzessive zu einem Markt, der auch für Markenproduzenten interessant war. Werbeanzeige in: Die Jugendherberge 10 (1929), S. 163.

chen, die malerischen alten Bauernhäuser mit den alten Inschriften über der Türe, den Bauer bei der Arbeit, die Blumen am Wege und Tiere in freier Wildbahn",[17] heißt es in einem Beitrag zum Thema im Sauerländischen Gebirgsboten. Die gemeinsame Zubereitung von Mahlzeiten in einem auf der Wanderfahrt mitgeführten großen Topf über dem offenen Feuer hatte aber nicht nur Erlebnischarakter und Erinnerungswert, sondern sprach die Betrachterinnen und Betrachter auch auf emotionaler Ebene an: Über dieses Motiv ließen sich Einfachheit und Gemeinschaft zum Ausdruck bringen.

Das Abkochen galt bereits der Wandervogelbewegung als Gegenentwurf zur Einkehr im Wirtshaus. Für Schirrmann und andere Autoren verband sich mit der Zubereitung des Essens am Wegesrand die Bezahlbarkeit vor allem längerer Wanderfahrten. Selbst zubereitete Mahlzeiten waren eine notwendige und folgerichtige Ergänzung der preiswerten Unterkunft in einer Jugendherberge. Er führt aus: „Außer dem von daheim mitgeführten Mundvorrat kosten diese Wanderungen die Kindern (sic!) keinen Pfennig bares Geld. Darum können auch die ärmsten Kinder mittun. Nur wenn wir uns den Hochgenuß von selbstgekochtem Kaffee, Tee oder Kakao verschaffen wollen, oder wenn wir zur Zeit der Kartoffelernte auf freiem Felde Erdäpfel braten, zahlt jeder 5 Pfennig in die Reisekasse."[18] Und weiter unten: „Essen und Trinken bestreiten wir täglich mit 50 bis 75 Pfennig. [...] Unser Küchenzettel hat eine große Auswahl. Milch, Eier und Brot kaufen wir beim Bauer halb so teuer und schöner als in der Stadt, und reiche Bauern haben sie uns oft geschenkt. Dicke Milch und Pellkartoffeln sind an heißen Tagen ein prächtig Abendessen für wenige Pfennige. Und die schönsten eßbaren Pilze wachsen uns gar kostenlos in die Bratpfanne."[19]

Mit Fotografien vom Abkochen ließ sich die Besonderheit des Erlebnisses gut veranschaulichen (vgl. Abb. S. 56). Das Errichten einer Feuerstelle, die Zubereitung einer Mahlzeit in einem gemeinsamen Topf, das gemeinsame Essen (oder Trinken) – all das bildet ein Fotomotiv, welches die Betrachterinnen und Betrachter in den Bann schlug und die von Schirrmann gewünschte „Wärme und Begeisterung" vermittelte.[20]

Mit dem mittlerweile positiven Image des Jugendwanderns ließ sich für unterschiedlichste Produkte werben. Werbeanzeige in: Die Jugendherberge 7 (1926), S. 75.

Dass Jugendwandern zu einem populären Vergnügen geworden war, dokumentieren auch die Bestrebungen der Produktindustrie als Förderer aufzutreten. Werbeanzeige in: Die Jugendherberge 8 (1927), S. 184.

3. Ganzheitliche Bildung

Ein wichtiges Argument für das Schülerwandern lag für Schirrmann in der Verknüpfung von Theorie und Praxis. Die Wanderfahrten sollten praktische Anwendungsfälle nicht nur für den Heimat-, Erdkunde- und Mathematikunterricht liefern, sondern sie waren auch dazu geeignet – dessen war Schirrmann sich sicher – jeglichen Unterrichtsinhalten zu mehr Anschaulichkeit zu verhelfen. Nach seinem Verständnis sollte Bildung zudem immer auch Charakterbildung sein: „Viel geistigen Gewinn tragen die Jugendwanderfahrten in die Seelen der Kinder auch in Form schlummernder Werte."[21]

Die Fotografien, die während einer zehntägigen Schülerwanderfahrt nach Holland im Sommer 1911 aufgenommen wurden (s. Bildkapitel 2), sind auch als Lichtbilder gefertigt worden. Sie zeigen die Wandergruppe beispielsweise im Garten von Schloss Benrath bei Düsseldorf oder am Ziel der Wanderung in Holland vor dem Ladengeschäft eines Schuhmachers. Kulturelle Bildung, das Kennenlernen von Land und Leuten, aber auch Themen wie Geografie, Botanik, Wetterkunde oder Zoologie konnten mit den Wanderfahrten verknüpft werden. Zu einer ganzheitlichen Bildung gehörten aber auch Bewegung und Ernährung: Gut zu sehen sind auf einigen der Lichtbilder die Kochgeschirre, die außen am Rucksack befestigt wurden, oder der stets mitgeführte Fußball.

Theorie und Praxis des Schülerwanderns II

Das Jugendwandern hatte sich – nicht zuletzt durch die unermüdliche Werbearbeit von Schirrmann und Münker – zu einem Markt entwickelt, an dem auch andere partizipieren wollten. In der Zeitschrift „Die Jugendherberge" finden sich Werbeanzeigen von Gewerbebetrieben für Kompasse, Liederbücher, Wanderkarten und vieles mehr. Auch der „Sauerländische Gebirgsverein" schaltete hier Werbeanzeigen, in denen er „Aluminium-Hordentöpfe, Kocher, Feldflaschen, Schraubbüchsen, Butterdosen, Seifendosen, Trinkbecher, Tornister und Rucksäcke" anpries, beziehbar über die Vertriebsstelle des Gebirgsvereins. Und das Jugendherbergswerk selbst bot beispielsweise 1926 Bettsäcke aus Nessel „als Ersatz für Bettwäsche" an, „die sich heute noch nicht in jeder Jugendherberge vorfindet". Auch „Windjacken", „Rucksäcke" oder „Zeltbahnen" konnte man über das Jugendherbergswerk beziehen, dessen „Lichtbildnerei" zudem für die „Ausführung aller Photoarbeiten" warb.

Viele der Werbeanzeigen knüpften an Vorstellungen und Bilder an, die im Zuge der umfassenden Werbetätigkeit von Richard Schirrmann popularisiert worden waren: Mit Naturnähe, Lagerfeuerromantik und Gemeinschaft ließen sich letztlich viele Produkte bewerben. Dazu bedurfte es nicht zwingend weiterer Bilder, denn diese waren ja bereits erfolgreich in den Köpfen der Leserinnen und Leser verankert worden. An die dazugehörigen Vorstellungen ließ sich mit der Nennung von Produkten wie Hordentöpfe, Zupfgeigen oder Zeltbahnen leicht anknüpfen.

Manche Firmen wie Maggi, Knorr oder Hohenlohe nahmen in ihre Produktwerbung aber auch das bereits etablierte Bildprogramm auf. Sie zeigten Schülerinnen und Schüler auf Wanderfahrt – ausgerüstet mit Maggi-Suppenwürfeln oder in (zeichnerischer) Begleitung von Erbswürsten, die neben ihnen rüstig ausschritten. Und nicht zuletzt ließ sich mit den entsprechenden Bildern auch für das Fotografieren (und den Erwerb einer Kamera) selbst werben, wie eine Anzeige der Firma Zeiss aus dem Jahr 1928 belegt.

Arme Familien, die sich die Schülerwanderfahrt ihrer Kinder vom Munde absparen mussten, waren natürlich nicht die Zielgruppe solcherart Werbung. Aber auch sie profitierten indirekt davon, weil sie Schülerwanderfahrten als erwünscht und selbstverständlich erscheinen ließen und das Jugendherbergswerk mittelbar oder teils auch unmittelbar stärkten.

Es zeigt sich, dass die für die unterschiedlichen Werbemaßnahmen geschaffenen und verbreiteten Bilder eine neue Realität schufen: Das Jugendwandern entwickelte sich über Milieugrenzen hinweg zu einem populären Vergnügen, das sich breiter gesellschaftlicher Akzeptanz erfreute und sich seit den 1920er Jahren in zahlreichen Jugendherbergsgründungen manifestierte.[22]

---

1 Kaschuba, Wolfgang: Die Fußreise. Von der Arbeitswanderung zur bürgerlichen Bildungsbewegung, in: Bausinger, Hermann u. a.: Reisekultur. Von der Pilgerfahrt zum modernen Tourismus, München 1991, S. 165–173, hier S. 173.

2 Schirrmann, Richard: Vom Gewinn der Jugendwanderfahrten, in: Kölnische Zeitung Nr. 1437 (31.12.1911).

3 Die Jugendherberge 4/10 (1929), S. 66.

4 Vgl. Die Jugendherberge 4/10 (1929), S. 67.

5 Die Jugendherberge 3/9 (1928), S. 38.

6 Die Jugendherberge 2/10 (1929), S. 21.

7 Die Jugendherberge 9/10 (1929), S. 166.

8 Schirrmann, Richard: Volksschülerwanderfahrten. Wie ich mit Volksschülern wandre und zum anderen welchen Gewinn ich mir davon verspreche, in: Sauerländischer Gebirgsbote 19 (1911), H. 5, S. 91–92 und H. 6, S. 117–118, hier S. 117.

9 Vgl. Jäger, Jens: Black Box Colour. Editorial, in: Fotogeschichte 163/42 (2022), S. 3–8, hier S. 7.

10 Schirrmann, Richard: Jugendwandern/Volksschülerherbergen. Geringfügig veränderter Nachdruck der ersten grundlegenden Schrift von Richard Schirrmann, erstmals ersch. als Heft 4 der „Pädagogischen Abhandlungen", Bielefeld/Altena 1909, S. 23.

11 Vgl. Schmoll, Friedemann: Erinnerung an die Natur. Die Geschichte des Naturschutzes im deutschen Kaiserreich, Frankfurt/New York 2004, S. 459.

12 Die Jugendherberge 9/10 (1929), S. 166.

13 Vgl. Herrmann, Ulrich: Pädagogisches Denken und Anfänge der Reformpädagogik, in: Berg, Christa (Hg.): Handbuch der deutschen Bildungsgeschichte, Bd. IV: 1870–1918. Von der Reichsgründung bis zum Ende des Ersten Weltkriegs, München 1991, S. 147–174, hier S. 164.

14 Reulecke, Jürgen: Horizonte und Organisationen: Jugend und junge Generation in den zwanziger Jahren im Umfeld des Jugendherbergswerks, in: Reulecke, Jürgen/Stambolis, Barbara (Hg.): 100 Jahre Jugendherbergen 1909–2009. Anfänge – Wandlungen – Rück- und Ausblicke, Essen 2009, S. 83–97, hier S. 83.

15 Schirrmann, Jugendwandern, S. 11.

16 Ebd.

17 Münker, Kurt: Wandern mit der Kamera, in: Sauerländischer Gebirgsbote 7/39 (1931), S. 101.

18 Schirrmann, Volksschülerwanderfahrten, S. 92.

19 Ebd., S. 117.

20 Schirrmann, Richard: Zum Reichsherbergs-Werbetag, in: Die Jugendherberge 9/10 (1929), S. 165–167, hier S. 165.

21 Schirrmann, Jugendwandern, S. 16.

22 Zu der diesem Gedanken zugrundeliegenden Theorie des „aktiven Bildes" vgl. Bredekamp, Horst: Schlussvortrag: Bild – Akt – Geschichte, in: Wischermann, Clemens u. a. (Hg.): Geschichtsbilder. 46. Deutscher Historikertag vom 19.–22. September 2006 in Konstanz. Berichtsband, Konstanz 2007, S. 289–309, hier S. 309; zu den Werbemaßnahmen für das Jugendherbergswerk vgl. Hanke, Stefanie: Reorganisation und Ausbau der Jugendherbergen nach 1918, in: Reulecke, Jürgen/Stambolis, Barbara (Hg.): 100 Jahre Jugendherbergen 1909–2009. Anfänge – Wandlungen – Rück- und Ausblicke, Essen 2009, S. 99–110.

Rast mit wärmender Stärkung für eine Schülerinnen-Wandergruppe, um 1910.

Kapitel 1

Richard Schirrmann – Ein Wanderleben

Oben:
Richard Schirrmann in Begleitung dreier Damen
während eines Ausflugs, um 1910.

Rechte Seite:
Richard Schirrmann vor seiner Wohnung auf Burg Altena, um 1914.

Vorherige Seite:
Richard Schirrmann, Altena, Weihnachten, um 1908.

Kaffeetafel im Elternhaus. Von links nach rechts: Bertha, Gertrud, Gertraud, Richard und August Schirrmann, Grunenfeld, Ostpreußen (poln. Gronówko), um 1916.

Familienbesuch in Ostpreußen, um 1908.

Wandergruppe des Sauerländischen Gebirgsvereins, mit Richard Schirrmann (erste Reihe, zweiter von links), um 1912.

Der junge Lehrer Richard Schirrmann in einer Honoratiorenrunde, um 1910.

Oben:
Richard Schirrmanns Schwester Käthe (Mitte)
im Kreis jugendbewegter Mädchen nahe Burg Altena, um 1925.

Rechte Seite:
Jugendbewegte Freundinnen beim Zelten, rechts stehend Elisabeth Borbeck
(ab 1929 Richard Schirrmanns zweite Ehefrau), um 1927.

Oben:
Schirrmanns Töchter Sunhild und Irmgard, Burg Altena, um 1935.

Linke Seite:
Elisabeth Schirrmann am offenen Fenster, auf Burg Altena, um 1930.

Tochter Irmgard (links) und Freundin Henny mit den traditionellen „Schulbrezeln" zur Einschulungsfeier. Als Lehrer der Erstklässler sprang Vater Richard Schirrmann in Vertretung für den zum Militärdienst eingezogenen Klassenlehrer ein. Grävenwiesbach, 1939.

Die Töchter Sunhild und Irmgard Schirrmann beim Frühstück im Freien, um 1936.

Oben:
Vier der sechs Kinder Schirrmanns aus zweiter Ehe, Grävenwiesbach, um 1950.

Rechte Seite:
Richard Schirrmann mit goldenem Fahrrad, einem Geschenk des amerikanischen Jugendherbergswerks, Grävenwiesbach, 1959.

Kapitel 2

Mit Schülerinnen und Schülern auf Fahrt

Jungengruppe mit Lehrer Richard Schirrmann
bei der Wanderrast, um 1908.

Vorherige Seite:
Schulwandergruppe mit Blick auf Burg Altena,
vom Klusenstein aus gesehen, Vortragsdia, um 1912.

Schulklasse an der Lennequelle auf „830 m. ü. d. Meere", Kahler Asten, um 1912.

Mädchengruppe auf einer Wanderung im Sauerland, nahe Plettenberg, um 1912.

Fotopause an einer mehrstämmigen Eiche, um 1912.

Wanderführerin mit Mädchengruppe, um 1920.

Mädchen bei der morgendlichen Körperpflege am Bach, um 1920.

„Abkochen in der Natur“: Zubereitung einer Mittagsmahlzeit im „Hordentopf“ während einer Rast, um 1908.

Schülerinnengruppe der Altenaer Nette-Schule, 1912.

Oben:
Naturerfahrung: Jungenklasse an einem toten Baumriesen, um 1908.

Linke Seite:
Jungengruppe an der Wiethaushütte auf dem Schomberg bei Sundern, 1911.

Wanderausflug einer Mädchengruppe. Rast am Wegekreuz, um 1910.

Kapitel 3

Kriegserleben an der Westfront

WIRTSCHAFT

ZUM
MARKANER

Oben:
Hauptwache des Landsturms. Rechts Richard Schirrmann, Altena, 1914.

Linke Seite:
Mobilmachung in Altena. Verabschiedung ausfahrender Soldaten, August 1914.

Vorherige Seite:
Gefallenenehrung des Landsturm-Infanterie-Bataillons Siegen, Elsass, um 1915.

Oben:
Maschinengewehr-Einheit des Landsturms mit MG 08/15,
Zabern (franz. Saverne), Anfang 1917.

Rechte Seite:
Richard Schirrmann als Soldat des Landsturm-Infanterie Bataillons XVIII 2.
Porträt im Fotoatelier, 10. Dezember 1915.

Weihnachten an der Westfront, Chaume de Lusse, Vogesen, 1915.

Infanteristen des Landsturms an der Westfront, Chaume de Lusse, Vogesen, Winter 1915/16.

Oben:
„Sauerländer Vogesen Club Stiät",
Gruppenaufnahme als Grußbild für daheim, um 1915.

Rechte Seite oben:
In einer Baracke des Landsturms, Vogesen, 8. März 1916.

Rechte Seite unten:
Feierabend im Unterstand, Vogesen, um 1916.

Richard Schirrmann (stehend) in einem Winzerkeller, Elsass, 1916.

Soldat des Landsturms bei einer Kontrolle, Sankt Kreuz im Lebertal (franz. Sainte-Croix-aux-Mines), Elsass, um 1916.

Oben:
Soldat Richard Schirrmann mit Kameraden des Landsturms, Stekene, Ostfandern, 3. August 1918.

Rechte Seite:
Zerstörtes Wohngebäude, Westfront 1914–1918.

„Unsere Radfahrer auf dem Chaume de Lusse", Vogesen, um 1915.

Hangbarrikaden und gegenüberliegende Schützengräben, Elsass, um 1916.

Kapitel 4

Am Anfang war Burg Altena

Links:
Fußweg zur Burg Altena, Rückseite von Haus Mückenburg, um 1912.

Rechte Seite:
Burg Altena, Blick vom Bergfried auf den oberen Burghof, während des Wiederaufbaus, um 1909.

Vorherige Seite:
Blick über die Lenne auf Altena und die Burg, um 1910.

Oben:
Montage eines Auslegers für die Beleuchtung im Burghof, um 1912.

Linke Seite:
Unterer Burghof mit Torhaus, um 1910.

Junge Frauen beim Reigen im Burghof, um 1920.

Burgfestspiele im Hof der Burg, um 1925.

Musizierende Jugendgruppe im Burghof am Eingang zur Jugendherberge, um 1920.

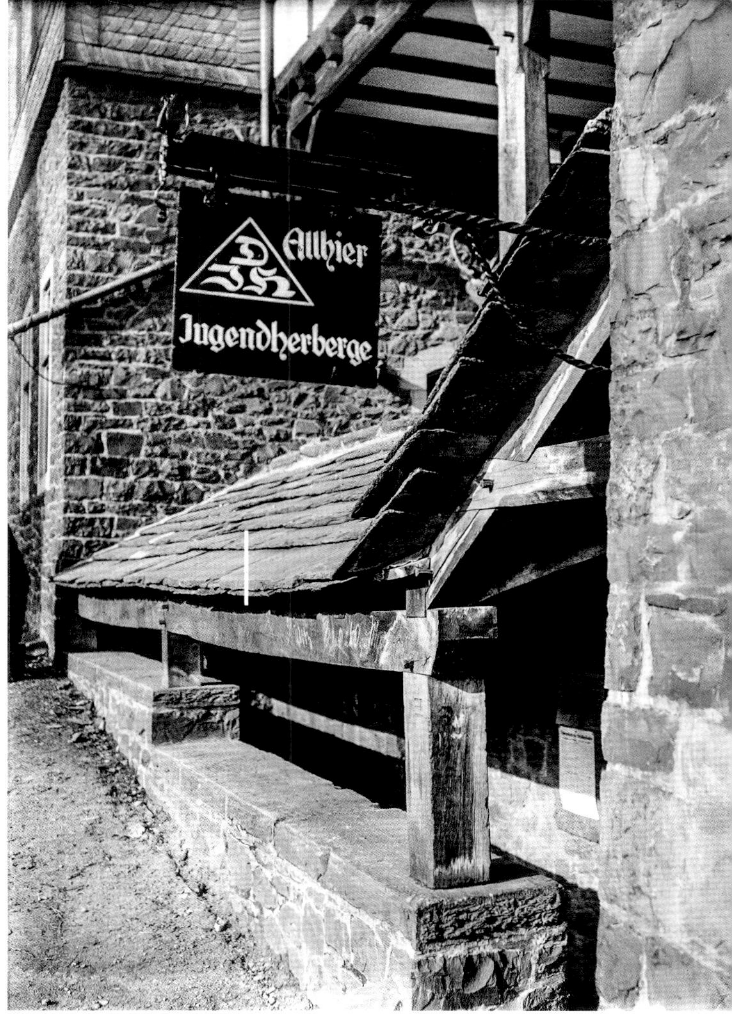

Eingang zur Jugendherberge, um 1925.

Oben:
Jungengruppe mit Leiter beim Kartoffelschälen, Burg Altena, um 1920.

Linke Seite:
Richard Schirrmann und Wilhelm Münker, Burg Altena, um 1912.

Schlafsaal mit Kamin. Etagenbetten nach Entwürfen Richard Schirrmanns, Burg Altena.
Auf dieser frühen Postkarte wurde die 1912 eingerichtete Jugendherberge noch als Schülerherberge bezeichnet.

Neuer Waschraum der Jugendherberge auf Burg Altena, um 1927.

Oben:
Tagesraum „Bauernstübchen" auf Burg Altena,
Werbeaufnahme für die Jugendherbergsidee, um 1930.

Linke Seite oben:
Tagesraum im Stil einer westfälischen Bauernküche, um 1925.

Linke Seite unten:
Jugendgruppe im Tagesraum auf Burg Altena, um 1928.

Kapitel 5

Herbergen für die Jugend

Jugendherberge
&
Städt.-Freibad.

Oben:
Burg Schnellenberg bei Attendorn (1911–1928 Jugendherberge), um 1920.

Vorherige Seite:
Die 1926 als Arbeitsbeschaffungsmaßnahme errichtete Jugendherberge Borgholzhausen (Teutoburger Wald) am städtischen Freibad, um 1928.

Jugendherberge Brilon-Wald im Schnee, um 1930.

Oben:
Ausbau einer Herberge mit Hilfe von Jugendlichen, Niederschelden im Siegerland, 1927.

Linke Seite:
Jugendliche Helfer, Bauarbeiten Jugendburg Freusburg, Kirchen an der Sieg, um 1925.

Einweihung der Jugendherberge Kreuztal-Ferndorf im Siegerland, 1924.

Einweihung der Jugendherberge Netphen-Sohlbach im Siegerland, 1926.

Oben:
Moderne Architektur: Die Jugendherberge Wispertal
nach der Fertigstellung, Lorch am Rhein, 1929.

Linke Seite:
Eröffnung der Jugendherberge „Die Glucke", Arnsberg, 1924.

Jugendherberge Tannenberg, Hohenstein (poln. Olsztynek), 9. Mai 1929.
Das Tannenberg-Nationaldenkmal wurde 1924–1927 zur Erinnerung an eine Schlacht im Ersten Weltkrieg erbaut. Ab 1929 wurden zwei Türme als Jugendherberge genutzt.

Mädchenschlafraum in der Jugendherberge Tannenberg, 9. Mai 1929.

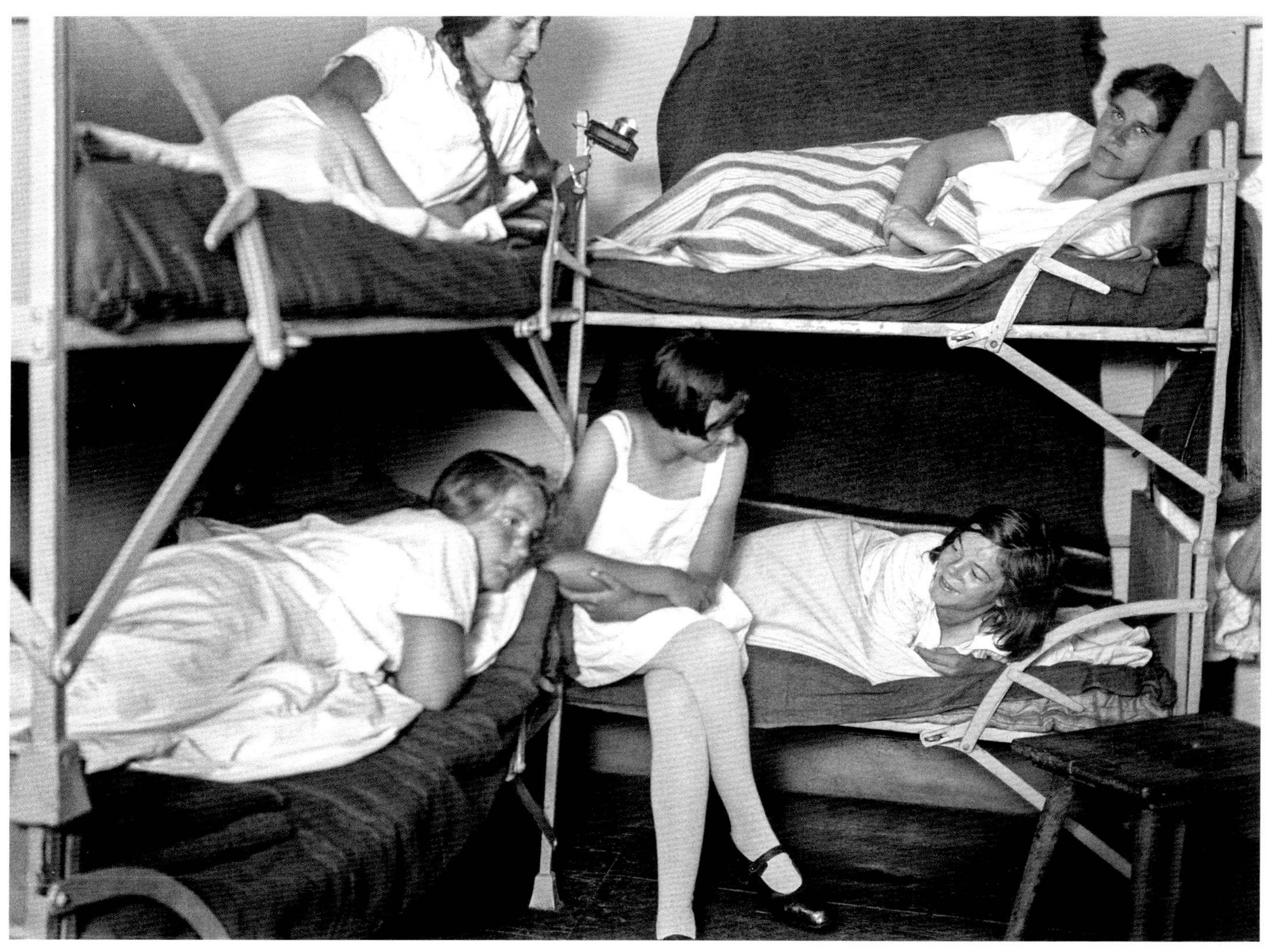

Im Mädchenschlafraum einer Jugendherberge, um 1930.

Großer Schlafsaal einer Jugendherberge, um 1930.

Oben:
Küche der Jugendherberge Oberschledorn bei Medebach, um 1930.

Rechte Seite oben:
Speisesaal mit Anrichte, Jugendherberge Hamm, um 1935.

Rechte Seite unten:
Aufenthaltsraum der Jugendherberge Oberwiesenthal/Thüringen, um 1925.

Morgentoilette an der Wasserpumpe vor einer Jugendherberge, um 1920.

Junger Mandolinenspieler im Tagesraum der Jugendherberge Ochsenfurt am Main, um 1920.

Kapitel 6

Begegnungen mit Landschaften und Menschen

Oben:
Landschaft der Masurischen Seenplatte, um 1916.

Linke Seite:
Spaziergang im Wald, um 1906.

Vorherige Seite:
Richard Schirrmann auf einem Kalkfelsen, um 1912.

Oben:
Männergruppe an einem Gipfelkreuz im Hochgebirge, um 1930.

Linke Seite:
Begegnung in der Hochheide: Zwei musizierende Wanderfreunde, um 1920.

Oben:
Ankunft an einem Bauerngehöft, um 1912.

Rechte Seite:
Bäuerin an der Herdstelle, um 1912.

Links:
Fachwerkhäuser und Marktstand, Celle, Markt 7 und 8, um 1910.

Rechte Seite:
Ausflugsgesellschaft des Sauerländischen Gebirgsvereins vor dem Portal von Burg Schnellenberg, Attendorn, um 1908.

RENOVATUM
1791
F·L·R·V·F·

Unterwegs auf dem Rhein, Niederlande, 1911.

Begegnung mit der Besatzung eines Überseeschiffs, um 1930.

Oben:
Nordseeimpression, um 1925.

Linke Seite oben und unten:
Fischer an der Ostseeküste, Ostpreußen, 1936.

Kapitel 7

Kinderdorf Staumühle – Ein reformpädagogisches Experiment

Jungen bei Pflasterarbeiten im Kinderdorf Staumühle, um 1930.

Vorherige Seite:
Kinderdorf Staumühle, Erholungslager für Schülerinnen und Schüler, ehemaliges Militärgelände, Hövelhof, um 1930.

Mädchen beim Kartoffelschälen im Kinderdorf Staumühle, um 1930.

Essenszubereitung in der Küchenbaracke, Staumühle, um 1930.

Essenszeit in der Speisebaracke, Staumühle, um 1930.

Mädchengymnastik mit Elisabeth Schirrmann, Kinderdorf Staumühle, um 1930.

Wasserschlacht am Haustenbach, Kinderdorf Staumühle, um 1930.

Ausdruckstanz, Kinderdorf Staumühle, um 1930.

Rhythmische Gymnastik auf einer Lichtung, Kinderdorf Staumühle, um 1930.

SIEGER

Oben:
Freiluftsport der Jungen, Kinderdorf Staumühle, um 1930.

Linke Seite oben:
Siegerinnen des Staffellaufs über 10 x 75 m, Kinderdorf Staumühle, um 1930.

Linke Seite unten:
Sieger im Schlagball, Kinderdorf Staumühle, um 1930.

Gemeinschaftliche Kontrolle der Fußsohlen, um 1930.

Erlebnispädagogik in der Senne, Volksschulklasse auf einer Wanderung, um 1930.

Wandervorbereitungen, Kinderdorf Staumühle, um 1930.

Erlebnispädagogik in der Senne, Wanderpause, um 1930.

Abreise aus dem Kinderdorf Staumühle, um 1930.

Kapitel 8

Bewegte Jugend

Richard Schirrmann mit vier jungen Wanderern bei Schloss Hohenlimburg, um 1912.

Vorherige Seite:
Jugendbewegtes Paar auf Wanderschaft, um 1925.

Festzug mit jugendbewegten Teilnehmerinnen und Teilnehmern, um 1925.

Musizierende Jugendliche der Wandervogelbewegung, um 1912.

Begegnung auf der Wanderung, um 1910.

Oben:
Jugendbewegte Vorleserunde, um 1925.

Linke Seite:
Mädchengruppe bei einer Rast, um 1925.

Linke und rechte Seite:
Studentinnen und Studenten der Deutschen Hochschule für Leibesübungen auf einem Wanderführerlehrgang in der Sächsischen Schweiz, Frühjahr 1928.

Tanzvorführung bei einem Treffen der Jugendbewegung, um 1925.

Richard Schirrmann mit Wanderkameraden bei einer Rast, um 1912.

Wanderausrüstung mit Hundewelpen.
Foto: Julius Groß, Fotograf des Wandervogels, um 1925.

Wanderausrüstung und Proviant, um 1930.

Wandergruppe beim „Zeltbau“, um 1910.

Jugendbewegte Gruppe beim Zelten vor der Wülzburg, Weißenburg/Bayern, um 1930.

Kapitel 9

Wanderwelten in Farbe

Burg Bilstein (ab 1927 Jugendherberge) oberhalb des gleichnamigen Ortes im Sauerland, um 1911.

Vorherige Seite:
Jungengruppe in den Dünen bei Scheveningen/Niederlande, Impression einer zehntägigen Schülerwanderfahrt mit Lehrer Richard Schirrmann von Altena an die Nordsee, 1911.

Wandergruppe im Innenhof von Schloss Weilburg, Weilburg an der Lahn, um 1911.

Wandergruppe auf dem Wehrgang von Schloss Hohenlimburg, um 1912.

Ausflugsgesellschaft an der Hönnebrücke in Volkringhausen bei Balve, um 1912.

Richard Schirrmann mit Schülerwandergruppe an der Ennepetalsperre in Breckerfeld, Hollandfahrt 1911.

Unterwegs auf einem Frachtkahn von Düsseldorf nach Rotterdam, Hollandfahrt 1911.

Schülerwandergruppe mit Lehrer Richard Schirrmann, Sauerland, um 1910.

Mädchenwandergruppe am Flussufer, um 1910.

Bei der Halfenernte, Ispingrade, bei Radevormwald, Hollandfahrt 1911.

Winterwanderung einer Mädchengruppe mit Schlitten, um 1910.

Oben: Wandernde Schülerinnen und Schüler, um 1905.

Linke Seite: Ausflugsgesellschaft im Frühnebel, um 1910.

Schülerwandergruppe während einer Rast, mit Ball und Wurfspieß, um 1910.

Schülerwanderung mit Lehrer Richard Schirrmann, um 1910.

Autorin und Autoren

Prof. Dr. Markus Köster, geb. 1966 in Attendorn, hat Neuere Geschichte, Politikwissenschaft und Katholische Theologie studiert, zur Geschichte von Jugend und Jugendhilfe zwischen Kaiserreich und Bundesrepublik promoviert, war wissenschaftlicher Volontär und Stipendiat des Westfälischen Instituts für Regionalgeschichte und Akademiedozent für politische Jugendbildung an der Katholisch-Sozialen Akademie Franz Hitze Haus. Seit 2002 leitet er das LWL-Medienzentrum für Westfalen in Münster; seit 2012 ist er zudem Honorarprofessor am Historischen Seminar der Universität Münster und beschäftigt sich in dieser Funktion v. a. mit der Geschichte von Film und Fotografie und der regionalen Zeitgeschichte Westfalens. Auch zur Sozialgeschichte der Jugend und zur Geschichte des politischen Katholizismus hat er publiziert.

Stephan Sagurna, geb. 1964. Ausbildung als Fotograf, Meisterschule in München und Dortmund. Masterstudium der Bildwissenschaften an der Donau-Universität Krems (Österreich) mit einer Master-These zum regionalen fotografischen Gedächtnis. Mitarbeiter im LWL-Medienzentrum für Westfalen. Veröffentlichungen zur angewandten Fotografie und bildwissenschaftlichen Forschung mit dem Schwerpunkt Fotografie des 19. und 20. Jahrhunderts, ihrer Materialität sowie des Bildentstehungsprozesses. Kurator historischer und zeitgenössischer Fotoausstellungen.

Christiane Cantauw, geb. 1964. Studium der Neueren Geschichte, Volkskunde und Ethnologie an der Universität Münster. Nach ihrem Volontariat wurde sie als wissenschaftliche Referentin bei der Volkskundlichen Kommission (jetzt Kommission Alltagskulturforschung), LWL, tätig und leitet diese seit 2005 als wissenschaftliche Geschäftsführerin. Forschungen und Veröffentlichungen zu Themen wie Baukultur, Ritualkultur, Fotografie, Freizeit und Tourismus. Neben ihrer Tätigkeit in der Kommission Alltagskulturforschung für Westfalen übernimmt sie regelmäßig Lehraufträge am Institut für Kulturanthropologie/ Europäische Ethnologie der Universität Münster.

Abbildungsnachweis

Wenn nicht anders verzeichnet, stammen alle Fotografien aus der Sammlung Richard Schirrmann des LWL-Medienzentrums für Westfalen.

S. 10: Deutsches Jugendherbergswerk

S. 11: Wilhelm-Münker-Stiftung

S. 15: Familie Schirrmann / Wilhelm-Münker-Stiftung

S. 16 und 19: Stephan Sagurna, LWL-Medienzentrum für Westfalen

S. 22: Abb. rechts: Joe Haupt, USA, ⓒ BY 2.0

Dank

Ein besonderer Dank gilt:

Stiftung Deutsches Jugendherbergswerk

Wilhelm-Münker-Stiftung